青海民族大学中国语言文学学科建设文库

文学人类学视域下
中国当代文学作品研究

张德军　著

學苑出版社

图书在版编目（CIP）数据

文学人类学视域下中国当代文学作品研究 / 张德军著. -- 北京：学苑出版社，2025. 1. --（青海民族大学中国语言文学学科建设文库）. -- ISBN 978-7-5077-7083-4

Ⅰ. I206.7

中国国家版本馆 CIP 数据核字第 2025XD3429 号

出 版 人： 洪文雄
责任编辑： 许　力
出版发行： 学苑出版社
社　　址： 北京市丰台区南方庄 2 号院 1 号楼
邮政编码： 100079
网　　址： www.book001.com
电子信箱： xueyuanpress@163.com
联系电话： 010-67601101（营销部）、010-67603091（总编室）
印 刷 厂： 北京建宏印刷有限公司
开本尺寸： 710 mm × 1000 mm　1/16
印　　张： 11.25
字　　数： 180 千字
版　　次： 2025 年 1 月第 1 版
印　　次： 2025 年 1 月第 1 次印刷
定　　价： 200.00 元

青海民族大学中国语言文学学科建设文库

总　序

青藏高原是世界上海拔最高的高原，有“世界屋脊”“地球第三极”之美称，也是中国最大的高原，是中华民族和中华文明的发祥地之一。因此，青藏高原不仅以其雄奇壮美的自然风光吸引着世人的目光，同时也以其悠久灿烂的民族文化著称于世，汉、藏、回、土、撒拉、蒙古等多民族语言文学就是青藏高原民族文化最为耀眼的明珠。坐落于湟水河畔的青海民族大学是青藏高原第一所现代意义上的高等学府，学校自成立后就展开了对青藏高原民族语言文学的教学与研究工作。1949 年学校成立后开展了汉、藏、蒙古三语课程教学，1958 年设置相关学科专业，开展本科教育。李克郁、韩建业、王青山等学者参加了 20 世纪 50 年代全国民族语言大调查与研究工作；1960 年承担全国少数民族文学史《藏族文学史简编》编写工作，搜集、整理青海民间文学三套集成等，为该学科发展奠定了坚实基础。1979 年开始藏缅语族语言方向研究生教育。1981 年国务院批准本校为首批硕士学位授予单位，培养中国语言文学硕士研究生，汉、藏、蒙古语言文学等学科得到进一步发展。1995 年起，藏、汉语言文学先后被列为省级重点学科。2011 年中国语言文学获硕士学位授权一级学科，设置文艺学、语言学及应用语言学、汉语言文字学、中国古典文献学、中国古代文学、中国现当代文学、中国少数民族语言文学（分语族）、比较文学与世界文学 8 个学科方向，以及自主设置的格萨尔学方向。2013 年本学科招收我校第一位留学研究生。2014 年起和天津大学联合培养汉藏翻译方向博士研究生。至此，本学科具备了从本科到研究生（包括留学研究生）完整的高层次人才培养体系，在学科梯队、学术研究、人才培养、条件建设等方面得到了快速发展，形成了自己的学科特色。2018 年青海省教育厅、财政厅立项我校中国语言文学为省内一流建设学科。2019 年，我校中国语言文学学科被列为国家民委重点学科。2024 年，获批中国语言文学博士一级学科点。同年，该学科被列为青海省国内一流学科。

在学校中国语言文学学科发展史上，涌现了前赴后继的名师学者，其中一些来自国内著名高校，曾受过良好的专业熏陶。他们怀着对民族高等教育的满腔热情，披荆斩棘，砥砺前行，在昆仑山下，湟水河畔，开拓出一方中国语言文学学科建设的充满活力的精神高地。这些前辈学者有：

李文实（1914—2004），青海化隆人，1945 年毕业于成都齐鲁大学，后在上海诚明文学院中文系任教授；20 世纪 70 年代末到 90 年代初在青海民族学院汉语言文学系任教。李文实先生师从顾颉刚大师，继承“古史辨”派的学术思想，从民族、宗教、民俗、语言等学科对西北古代历史地理及羌藏文化展开了深入研究。先生曾承担汉语言文学系本科生中国文学史、少语系硕士研究生中国古典文学课程及辅导讲座，并编写了几十万字的《中国古典文学作品选读辅导讲话》《中国史籍举要》《诗经》《楚辞》等讲稿。特别是对西北的历史、文化、地理、风俗的考察和对青海地方史志的整理编纂做出了突出贡献。《西陲古地与羌藏文化》是其学术思想的集中呈现，获青海省第六次哲学社会科学优秀成果一等奖。

胡安良（1934—2023），湖北武汉人，当代著名语言学家、全国优秀教师、享受国务院政府特殊津贴专家，先后担任中国语言学会理事、中国修辞学会理事、西北修辞学会会长、青海省语言学会会长、青海民族学院汉语言文学系主任等职。早年师承王力、岑麟祥、商承祚等语言文字大师。20 世纪 50 年代在中山大学语言学系就读，后随王力先生北上。1957 年毕业于北京大学中文系。1958 年来青海民族学院工作至退休。胡教授是青海省最早培养硕士研究生的专家之一，曾培养数届汉语言文字学等方面的硕士研究生，其学生大多成为省内外语言学界、出版界、文化界的科研骨干。胡先生发表论文 40 余篇，出版《词语漫笔》《老庄衍论》《老庄语冰录》《言语的内察与外观》等 8 部专著。其中

《现代汉语》（与黄伯荣、廖序东合著）一书获国家高等院校文科教材二等奖。

程祥徽（1934—2023），湖北武汉人，北京大学文学学士，香港大学哲学硕士，语言学教授。曾任澳门大学中文学院院长、澳门语言状况关注委员会委员、澳门政府文化委员会委员、澳门语言学会会长、中国修辞学会常务理事。1958—1979 年在青海民族学院任助教、讲师，破格晋升教授。1981 年后在澳门东亚大学和澳门大学任教，曾任东亚大学中文系主任。主编《澳门语言论集》《语言风格论集》《语言与传意》《方言与普通话》《港澳通用普通话教材》《澳门文学研讨集》等。

祝宽（1921—2005），陕西乾县人。1942 年考入兰州西北师范学院中国文学系，1943 年受聘于乾县简易师范学校任国文教师。1944 年秋，去兰州西北师范学院复学，潜心研究五四运动以来新诗发展史，参加革命活动。1946 年进入北平师范大学中国文学系读四年级，次年毕业。1949 年乾县解放后，任县支前委员会主任秘书、县人民政府文教科长兼乾县中学校长、共青团县工委委员兼组织部部长、县人代会常委等。1950 年，调往北京师范大学中文系，讲授中国新文学史，参与组建师大民盟组织，担任民盟北京市委委员。1960 年 10 月调青海民族学院中文系任教。曾任青海省文学学会副会长兼秘书长，中国现代文学研究会北京总会四届理事。著有《中国现代诗歌简史》《五四新诗史》等，后者获青海省人文社会科学优秀成果一等奖。

邵祖平（1898—1969），江西南昌人。因家境贫寒未入过正式学校，自学成才，喜欢写诗交友，早年肄业于江西高等学堂，为章太炎高足。1922 年后历任《学衡》杂志编辑，东南大学、之江大学、浙江大学教授，章氏国学会讲席，民国政府铁道部次长曾养甫秘书，朝阳法学院、四川大学、金陵女子大学、华西大学、西北大学、西南美术专科学校、重庆大学、四川教育学院教授。1949 年后，历任四川大学、中国人民大学、青海民族学院教授。著有《中国观人论》《文字学概论》《国学导读》《词心笺评》《乐府诗选》《七绝诗论七绝诗话合编》《培风楼诗存》《培风楼诗续存》《培风楼诗》等。《培风楼诗》曾获教育部一等奖。

贾晞儒（1936—　），陕西蓝田人。1955 年毕业于西北民族学院语文系蒙古语言文学专业，毕业后留校任教。1960 年 12 月调至青海民族学院任教，先后在民族研究所、蒙学系、文学与新闻传播学院等工作，讲授《汉语文》《蒙古语文》《现代蒙古语》《翻译教程》《语言学概论》《民族语言与民族历史》《普通语言学》《文化语言学》等课程。先后担任过蒙古语教研室副主任、系副主任、民族研究所所长等职，兼任《青海民族研究》主编、中国蒙古语文学会常务理事、学术委员、青海省民族古籍工作评审委员会委员等职。出版《民族语文散论》《青海湖畔的传说》《中华各民族谁也离不开谁的故事》《现代化进程中的民族问题》《贾晞儒民族语言文化研究文集》《青海蒙古语言文化纵论》《德都蒙古文化简论》《语言・心理・民俗》《蒙汉对比语言学基础》《文化语言学》等 10 多部著作，发表论文 180 余篇，荣获省级科研优秀成果二、三等奖多项。

此外，冯育柱、彭书麟、浦汉明等著名学者也曾在文学院工作，为学院发展做出了很大贡献。正是这些前辈前赴后继的努力与付出，才使学院有了深厚的学术积淀，成为学院永远的宝贵精神财富，激励着加入学院的新人奋发图强，勇攀学术高峰。数代学者的薪火相传为学院的学科建设打下了坚实的基础。目前，学校的中国语言文学学科已经形成了如下几个特色鲜明的研究方向：

语言学及应用语言学方向主要以少数民族濒危语言的研究和保护、汉藏语系和阿尔泰语系语言的历时与共时演变、语言接触规律、语言与文化关系、藏文信息处理等领域为专业特色，致力于用语言学的视角服务国家“一带一路”倡议和国际语言文化的交流和研究。

中国少数民族语言文学方向以青藏高原藏、回、土、撒拉、蒙古等世居民族作家文学、民间文学为研究特色。努力在探索青藏高原民族民间文学、作家文学，传承民族文化、构建多元共生的民族精神高地建设等方面形成一定优势。

中国古典文献学方向以藏文木刻本、写本、金石、木牍、缣帛等古典文献古籍为重点研究领域，在敦煌文献、藏医药古籍、藏纸工艺、翻译规范化与标准化等领域形成学术优势。通过藏汉、梵藏等古籍的搜集、整理、翻译，服务于民族文化的传承保护。

比较文学与世界文学方向以民族文学比较、东方文学为研究特色，在中外国文学比较、中外文学思潮比较、形象学等研究领域形成学术合力。通过南亚、中亚文学研究，有效融入“一带一路”中外文化交流与少数民族文化弘扬工作。

格萨尔学方向以“格萨尔史诗”的活态搜集与整理、说唱艺人口述史为研究特色，努力在格萨尔信仰、口头程式等研究领域形成学科优势。

我校中国语言文学学科涉及文学与新闻传播学院、藏学院、蒙学系等相关单位，现有专任教师 82 人，其中具有正高级职称 53 人，副高级职称 22 人；获博士学位教师 66 人，有海外经历教师 25 人。有国家级教学名师、享受国务院政府特殊津贴专家、博士生导师、国家级教学团队和精品课程负责人。多人获得青海省千人计划领军人才、拔尖人才称号，青海省 135 高层次人才拔尖学科带头人、创新教学科研骨干称号，青海省优秀教师、青海省省级骨干教师等称号，并在学术组织中担任研究会副秘书长、理事等职务。近五年学科方向带头人在研的国家级、省部级科研项目达 40 多项，发表论文约 260 篇，出版专著约 60 部。藏语言文学、土族语、撒拉语等方面的研究居全国一流水平，并具有一定的国际影响力。

本学科在丰富中国语言文学内涵，传承与保护青藏高原民族语言文化，加强各民族语言文化的交流交融与促进国家认同，铸牢中华民族共同体意识，推动“一带一路”共建国家的语言文化交流等方面发挥了不可替代的作用。

虽然我校学科建设取得了一定的成绩，但我们清醒地意识到自己还有许多不足，尤其需要处理好基础学科与特色学科之间的关系，需要提高师资学缘结构，需要提高人才培养质量，其中很重要的一点就是需要提高科研成果质量。为了在科学研究方面推出一些标志性成果，我们特此组织出版《中国语言文学学科建设文库》，希望能为我校中国语言文学学科建设添砖加瓦。这些著作也许还存在不少问题，但我们希望先迈开步子，在大家的批评指正中，继续努力，不断取得新的成绩。

是为序！

马　伟　王志强

2024 年 10 月 16 日

序

贾晞儒 *

能作为拜读张德军教授的《文学人类学视域下中国当代作品研究》即将出版的书稿的第一人，我感到十分荣幸。读他的这部书稿，就像在文江语海里畅游的泳者那样酣畅、富有激情，视野开阔，浮想联翩，想起了自改革开放以来我国文学界思想活跃，各抒情怀，不同风格、不同思绪、不同追求的作品和文学研究的论著如雨后春笋陆续问世，“百花齐放，百家争鸣”的态势，打破了沉寂多年的呆滞状态或者是一些没有生气、没有活力的模板式的作品和文学评论文章的窘态。后来，拜金主义盛行的社会背景下，却出现了一大批浮躁、庸俗之作，失去了文学的本能。程祥徽先生在《多味的人生之旅》的“总序”里说：“文学是一个民族的精神花朵，一个民族的精神史；文学是一个民族的品位和素质，一个民族的乃至影响世界的智慧和胸襟。”为此，我们必须鄙弃那种一味搞笑、肆意恶搞、迎合起哄的所谓“作品”，继承我国优秀文学传统，发扬在屈原、司马迁、陶渊明、李白、杜甫、王维、苏轼、辛弃疾、陆游、关汉卿、王实甫、汤显祖、曹雪芹、蒲松龄、鲁迅等历代先贤的作品里无不闪烁着的赤诚的爱国精神和人文关怀。我们更熟悉《夸父追日》《女娲补天》《愚公移山》等反映人的“神力”和意志的古代写人的作品。这当然需要有深度、力度的文学评论的推进和引导。但是，那种文侩式的所谓“作

* 贾晞儒，青海民族大学终身教授，享受国务院政府特殊津贴。

品”，依然未能遁迹，这正是我们文学评论界所应该深思的一个问题。

张德军先生的这部著作的问世，好像一声惊雷，感奋人心，它给我们打开了一面天窗，让我们看到了“新的文学世界”。该书的最大特点就是“以小见大，论述严密，言近旨远”，不是泛泛而论。作者着眼于具体的作品，亮明自己的观点和态度，虽对当代文学创作中存在的问题并未评说一二，但在对这些具体的作品的分析、探索中，已经显示了他的观点、理论和态度。他的分析、论述不是匍匐在作品之中，而是站在理论的高度，俯瞰作品中描述的“世界图景”，回答了“文学是什么？”这个既熟悉又陌生的问题。他从文学与人类学相结合的角度揭示文学的“人性特质”，由此铺展开来，透析当代文学创作观念的变化和文学研究的范式革新，并指出了文学与人类学的密切关系。文学是描写“人”的、探索“人”的、从古代的《诗经》《楚辞》《史记》《山海经》《红楼梦》，到《阿 Q 正传》《祝福》，以及《平凡的世界》《白鹿原》等，无一例外，它们都会引起我们对社会、人生和自身命运的思考以及对“神”的思考。人类学（Anthropology) 是从生物和文化（也包括文学）的角度对人类进行全面研究的科学。它研究的主题，不言而喻，是与文学研究有着天然的联系的。它主要是探索人类的生物性和文化性，进而追溯人类今日特质的源头和演变。不同之点就在于观察的角度和描述的手法有所区别：一个是以具象思维的方式进行描写和述说，一个是以理论思维的方式进行论述和探索。对于文学作品的研究，需要借用文学人类学的理论和方法，只有这样，才能走出陈旧的思维范式，克服“只见树木，不见森林”的偏颇，突破研究理论和方法上的禁锢。从语言学角度看，“人”是一个义位。张先生只是概括了人这种对象，既不包括人形形色色的性质特征，也不包括人的各种变化活动，只是人的某些基本特征的反映，而不是所有性质特征反映在这个义位里。语义要体现思想、情感时，只是一个义位或一些孤立的零散的义位是不行的，需要把义位组合成义丛、义句乃至言语作品义，才能反映某一客观存在，即某一社会现象或自然现象，小说家就需要做这样的工作，才能描写或叙述作品中的人物和事件。这就是本书作者说的“这些看似普通的人又如此不普通，信念是他们活着的证据，也是他们超脱生死的密码”。

在对叶炜的小说《后土》的分析中，张先生开门见山，针砭时弊：“很长一段时间以来，中国当代文学都处在表面繁荣、实质空虚的镜像折射中。年产长篇小说上千部的庞大数量，遮蔽不了无大作品、大作家的凄凉事实……”甚至有人提出“中国当代文学是垃圾”，“文学已死”。但是，张先生却说：“我看这似乎过于悲观了。作家叶炜的长篇小说《后土》对以上言论给予了沉重一击，这部作品让我们相信中国当代文学作家中还是有那么一部分作家坚守写作良知，尊重写作纪律，从事尊生命、叹灵魂的有温度的写作的。而《后土》也是笔者近几年来读过的最厚实、最丰富，也最具时代性的作品之一。”张先生突破了传统的文学评论的模式，站在文学人类学的理论高度，既指出了当代文学创作上的不良倾向和文学评论上的庸俗、应和之风，同时也指出了“中国当代文学”不全是垃圾，“文学”也没有死去，称《后土》“这部堪比《白鹿原》的时代长篇近乎完美地呈现在读者面前”。那么，进入了“建设社会主义新农村”的新时代，《后土》这个传统意义上的农村又会怎么样呢？张先生提出，“在现代化的挤压下，乡土应保证乡村的原始性，小说家的任务毫无疑问是真实、毫无保留地呈现现实，解释我们这个伟大时代下的社会主义新农村的面貌……”但是，这种描写不仅仅是采用传统的那种对现实客观描写，缺乏人类学的内涵和刻画，而是揭示文学人类学的人性特质及其发展演变。作为评论，也不能刻板地依照传统的模式，单纯地运用文学理论对作品进行研究和探索，揭示文学发展规律，要着重研究作家作品里的人，研究作品里的人的情感、思想、行为以及社会关系、婚姻、家庭、亲属，突出人类的差异性和文化观念的民族性、地方性等本源性的东西。

我要说的话，该说完了，不再赘述。总之，张德军先生的大作，是站在文学人类学的理论高度，通过对几部小说的具体分析，总括了当代文学理论的创新和历史责任，及当前文学评论中一些倾向性的问题，强调作家在作品中对人的描写、揭示、溯源和评判的正确途径和观点。人是文化的创造者，又是文化的载体和传播者，人就是活的文化。所以，文学要写人，刻画人，“揭露”人（文学理论家要站在文学人类学的理论高度观察作家笔下的各种人物，揭示人物心灵深处的那些或阴暗，或光明；或坚毅，或懦弱的品格和意志，为读者呈现人的生物性和文化性的特点，使读者明白什么是“人”，应该做什么样的“人”。

这就是我读后的感想。是为序。

贾晞儒

2019 年 10 月 8 日

于西宁，水河畔叟怡斋

目　录

Contents

人性语境

爱情语境

其他语境

文学是什么?

在人类学家看来，“文学是人类创造的，是反映和表现人类生活的生活，也是人类自身的发展与创造而期望有所贡献的”（方克强语）。那么，人是什么？从神话时代的圣贤大德到当代的学者，始终不断向这个难解之谜发出挑战。然而，历经岁月沉淀，这个问题越发显得不可思议。但是文学是什么，却是能说清楚的！文学自古有之，从原始人类口耳相传的口头文学延伸到纸质文学、网络文学，虽然文学的样式和载体在不断改变，但文学的本质是不变的。关注人类情感，提倡文以载道，讲述人生经历，不同的文学在人生的各种经历中历经洗刷。

文学的内容究竟是什么？权力、生命与爱情，是文学的三大板块，也是文学无法翻越的如来佛的手掌。

权力，自古人类必争。多少杀戮流血，多少严刑酷法，多少恩怨情仇，多少王位争锋，都与权力密切相关。权力是政治的“春药”。在人类的现实生活中，许多人一旦拥有了权力，就完成了川剧的变脸。所以，权力是现实社会中的一剂猛药，也是观音菩萨净瓶柳枝上的水，会让人现形。文学中的权力被作家赋予了人性的魔力。在宫闱深闺，在王朝更迭、职场角逐的历史舞台上，权力都是一枚奇异果，会产生许多化学反应。中国文学从不吝啬对权力的介入。二月河的《康熙大帝》《雍正王朝》、徐兴业的《金瓯缺》、李佩甫的《羊的门》都对权力有所揭示，权力也是中国当代文学的必有内容。

生命是灿烂的，生命也是最为珍贵的。人的生命只有一次，我们不能彩排，也无法重生。数千年历史中，从梦想长生不死而到处寻找丹药的秦始皇，到无数默默无闻的众生，无人能逃过生老病死的命运。生命在人类学看来，就是一个一个的通过仪式，如同树木的发芽枯死。生命的仪式在进行，在无边地流淌。自古以来，文学的生命内容在延伸。无论是《水浒传》中大碗喝酒、大块吃肉的快意生命，《三国演义》中合久必分、分久必合的江湖生命，还是《红楼梦》中命运叵测的王府生命，甚至是《西游记》中艰辛跋涉、修成正果的取经生命，都迸发出应有的魔力和张力。《你的生命如此多情》《我与地坛》《活着》《受活》《生死疲劳》等作品都在对生命的内涵不断延伸呈现。无论是张爱玲“人生是一袭华丽的袍子，里面爬满了虱子”的生命撕裂，还是张承志“我崇拜生命，崇拜这钢花烈焰般的生命”的生命激烈，生命都因为其本身的魅力成了文学作品的重要人生构成。

爱情是千古话题。当原始人类将兽骨结绳而挂时，美诞生了，爱情也就孕育了。从“关关雎鸠，在河之洲，窈窕淑女，君子好逑”的爱情萌动到“在天愿作比翼鸟，在地愿为连理枝”的爱情守护，爱情在追逐与逃离中前行，在恋爱与恩爱中纠结，也在精神契合与道德施舍中暗合。《孟姜女哭长城》《白蛇传》《梁山伯与祝英台》《牛郎织女》，哪一篇少了爱情故事？西施、杨玉环、贾宝玉、林黛玉、张生、崔莺莺、杜丽娘，哪一个又少了爱情味精？在中国汉语词汇中，有关爱情的词语多如牛毛。中国是一个传统保守的国家，在古代将爱情化为相思，通过相思草、相思子、相思树等来验证爱情。词汇是爱情的外在显现，人在热恋时，“一日不见，如隔三秋”；人在缠绵时，“曾经沧海难为水，除却巫山不是云”；人在背叛时，“朝秦暮楚”“朝三暮四”；人在等待爱情时，“人面不知何处去，桃花依旧笑春风”，“天长地久有时尽，此恨绵绵无绝期”；人在寻觅爱情时，“蒹葭苍苍，白露为霜，所谓伊人，在水一方”。只要这个世界还有人类，就有爱情故事。爱情就是魔力圈，只要陷入其中，人就会有化学反应，让人销魂蚀骨，也让人欲罢不能。

文学的三大核心板块，如同孙悟空始终都无法跳出来的如来佛的手掌。任何一种文学体裁，任何一类文学题材都逃不过文学的这三大板块：权力、生命和爱情。就算是男性气息流淌的《水浒传》，也要描写矮脚虎王英与扈三娘的爱情，更何况其他作品呢。所以文学的内容是什么？权力、生命、爱情。这是无法逾越，也是无法更改的文学的应有之义。然而文学又绝不仅仅如此。

文学是人学，文学究竟是关注什么呢？美国康奈尔大学英语系 M.H. 艾布拉姆斯教授作于 1953 年的《镜与灯——浪漫主义文论及批评传统》是现代文学理论的扛鼎之作，他提出文学的四个要素——世界、作者、作品、读者，这四个要素没有哪一个能脱离人，即使是作品也是写给人看。文学主要不是在意人的外貌、动作、细节，文学终究是研究人的心灵的，文学是以高尚的情操和美好的心灵打动人心的，文学是一场心灵的修行。人们最喜欢的金钱、权力却无法被带入坟墓，也无法将金钱当作枕头，生不带来，死不带去，够用即可。不可无限制地用不正当的手段去捞取金钱。金钱无错，关键在于使用者用来做什么，以及用什么方式来获取。一张纸币看不出高尚还是龌龊，而在于使用者拿它来做什么。权力更是如此，在金庸武侠作品《射雕英雄传》的结尾处，灭国无数、拥有最高权力的成吉思汗问郭靖："靖儿，你看我的领土有多大，历朝历代的皇帝哪一个有我厉害，我是大英雄吧。"郭靖沉吟片刻却说："大汗你虽然厉害，但仅仅是你一个人厉害，你害了多少人家破人亡，妻离子散。多少白骨累积你的江山。"权力再大，终究一日三餐，几尺睡地，权力终究要放下。人生拿起容易放下难，但人生又何尝不是要放下呢?

有人说"天不生仲尼，万古如黑夜"，是的，孔子让我们拥有"仁者爱人"之心。是什么让我们的内心不再黑暗？是我们的心灵。但是在现实生活中又有多少人去呵护、问过我们自己的心灵呢？我们许多人在随波逐流，我们的心灵在被裹挟，被飘零，也在被破碎。黎巴嫩作家胡腾说：肉体与心灵总有一个在路上。我们的心灵被世间的功名利禄诱惑，被各种各样的补习和考试所逼迫，我们不忘初心，但初心却被我们一次一次改写。文学是心灵的翻印，是篆刻在心灵上的东西。

综上，文学是什么？首先，文学是人学；其次，文学的内容是关注权力、生命、爱情；最后，文学是心灵的流淌。文学是关于心灵的歌，文学的魅力恰恰如此。我们不能仅满足于眼下的苟且，也要追寻诗和远方。我们要诗意地栖居在大地上，这个诗意便是文学。

人类学语境

文学人类学视域下的范式介入

文学人类学是将人类学与文学交互作用的新兴学科，是将文学创作观念与文学研究范式结合的理论研究方法。自 21 世纪以来，中国文化界对文学人类学领域的研究已经有近 30 年的历史，在不断调适与应景性的自我革新中，文学人类学已经成为现阶段文学研究中的重要方法之一。在西方，文学人类学分为由文学理论批评家提出的文学人类学和人类学家提出的文学人类学两大派系，因而国外有关文学人类学学术史的研究延宕许久。前者崛起于 20 世纪初的英国古典学界的“剑桥学派”，终成于加拿大文学批评家诺思洛普·弗莱的《批评的解剖》，后者的代表学者则是加拿大人类学家费尔南多·波亚托斯和他编辑的《文学人类学：人、符号与文学的一种新的跨学科视角》的文集。法国著名人类学家葛兰言对《诗经》中古代节庆的研究就是国外研究中的代表。新时期以来，国内一些专家、学者对文学人类学进行着不懈的研究，在国内专门有“文学人类学论丛”（社会科学文献出版社 1999 ~ 2003 年出版），已出版 8 种：《性别诗学》《文学与治疗》《英雄之死与美人迟暮》《神话与鬼话——台湾原住民神话故事比较研究》《神话何为——神圣叙事的传承与阐释》《文学与人类学——知识全球化时代的文学研究》《中国古代小说的原型与母题》和《神力的语言——“圣经与文学”研究续编》。这套丛书开拓了性别学、比较神话学、精神生态与心理医学等多种维度的文学研究，体现了从文化视野角度对原有学科知识的整合效果，国内学者彭兆荣对文学与人类学的研究专著《文学与仪式：文学人类学的一个文化视野——酒神及其祭祀仪式的发生学原理》、徐新建对民族身份的阐释，叶舒宪的专著《文学人类学探索》、论文《文学人类学研究的世纪性潮流》《人类学想象与新神话主义》等都对文学人类学的范式研究起到了至关重要的推动作用。除以上代表性的学者之外，文学与人类学的“人学”上的联姻早在文学领域内就已经有了实质性的表演，而不是仅仅暂停在学术呼吁的表面，文学领域的人类学叙述早在T.S.艾略特、劳伦斯、叶芝、庞德等世界性大师的著作中就已对人类学的叙事手法青睐有加，与此同时，许多具有异族文化、异国情调、异域风格并具有民族志色彩的人类学内容出现在文学中。近年来，人类学研究范畴几乎同时出现对族群和文化变异的多重性和互动性的研究，一种文学的“前学科形态”即“文化诗学”已经将许多人类学的基础因子纳入其中，因此文学的人类学研究已经成为人类知识表述的早期形态。然而长期以来，许多的文学研究者不接受人类学的介入，仅仅认为人类学是为美学理论提供范例性的研究，是一种理论与例证的关系。然而，事实是，许多人类学家如列维—斯特劳斯、露丝·本尼迪克特、格尔兹等人在其著作中对文学人类学的纯熟运用已经远远超出了许多文学批评家。加之文学人类学中还包含着许多文化比较的范畴如两个民族以上的文化比较，以及在文本和文学叙事中的历时性探索中的文化变迁的研究，诸如此类，我们无论从文学发生学中的原始形态还是从变迁过程来看，人类学都应该介入文学研究。国内已经有部分研究论文采用文学人类学的研究方法分析文本或作家，如周淑兰的《文学人类学视域下的中国当代奇幻小说》、颜早霞的《文学人类学视域下的铁穆尔写作研究》、李晓禺的《文学人类学视野下的故乡叙事》、张德军的《文学人类学视域下的贾平凹研究》等。但这些成绩与文学人类学丰富的兼容性内容还很不相称，同时对于中国当代小说的介入不够，多样性、丰富性的挖掘、整理不够，系统研究和专业性研究也不够。

长期的文学史发展已经为我们留下了大量的文学叙述文本，但是如果孤立地用人类学去研究实属不易，因此找寻文学人类学的方法与切入点是关键，将最能代表人类体貌和文化的文本找寻出来，寻找出从“本文”到“文本”、从“自然”到“文化”、从“动物”到“人类”的历时性轨迹正是我们研究的学术价值所在。目的就在于将文学的文本内容加以“延异”，增强文学文本的生命力。之所以聚焦中国当代小说文本，只因为在中国当代文学的历史发展阶段中，小说在提高文学的美学品格、回归文学本性、完成异族文学的交流与对话上都代表了 20 世纪中国文学的最高成就。对中国当代小说的解读可谓方法多样，无论是“学院派”还是“酷评派”，都与这一阶段的文学处于一种“同步”“共谋”状态，但是文学人类学角度的集中全面论述还未出现。我们立足于中国当代小说这一全景式的阶段作品的整体研究，一改以往运用文学人类学植入文本的散性研究，力图完成运用文学人类学视角关注中国当代文学的阶段性的研究成果，这也是开展研究的独到学术价值。在人类文学经验整合与世界性公民培养方面，已经要求对于中国当代文学必须开展立体、多元的阐释模式。因此文学人类学与中国当代小说的联姻，不但在研究中国当代小说的方法上给我们提供了新的策略、方法，而且，就文本内容的深度、广度上有更多的涉及，为母题研究、民族意识和民族身份等的研究奠定较为扎实的基础，并提供一定可资运用的验证资料。将文学人类学切入中国当代小说的文本研究，不但是当代文学研究范式转换的内在需求，也是我们开展研究的现实基础和价值。很长一段时期以来，中国当代文学一直面临全球化不断扩散与挤压的压力，“文学死亡”论、“后文学时代论”甚嚣尘上，提出对文学的人类学价值的重估问题，这种形式给创作主体的本土性坚守带来了重重压力，甚至在普适与民间的协调性上也颇难协同。所以，如何找到一种兼具民族性与地方性、普适性与本土性的人类学元素介入当代文学便成为一种迫切与需求。这也是本专著的实用价值所在。

乡土原始主义与文化焦虑

——叶炜《后土》小说的新乡土主义

中国农村社会变革已进入深水区，在他乡与故乡、留守与漂泊的冲突中快速前行。与此同时，留守儿童、空巢老人等各种乡村社会问题也显露出来，形成“新伤痕”，由此带来的阵痛与焦灼、反思与变革形成了在社会主义新农村背景下的新乡土小说。然而，无论乡土如何转变，乡土社会依然保有其固有的乡村面容、乡村性格、乡村民俗、乡村命运等，乡村原始主义总是弥漫不散。“原始主义是一种尚古的文化现象和思潮，以怀疑文明现状、要求返璞归真为其特征，以原始、自然状态作为价值判断的准绳和思想。”（方克强语）作为适时而真实反映乡村面容的作品，作家叶炜的《后土》无疑是这一题材的典型之作。然而，在叶炜的《后土》中却渗透着浓重的乡村原始主义，将中国乡村面对现代化挤压所呈现的无奈与焦灼展露无遗。

很长一段时间以来，中国当代文学都处在表面繁荣、实质空虚的镜像折射中。年产长篇小说上千部的庞大数量，遮蔽不了无大作品、大作家的凄凉事实。难怪有些评论家都不再阅读当下作品，而把研究的方向转向重读“十七年文学”、阐释伤痕小说、品味新时期作品。汉学家顾彬被断章取义的言论“中国当代文学是垃圾”似乎还未远去，“文学已死”的论断又甚嚣尘上。那么中国当代文学真的走进了死胡同，抑或当代文学已死？我看这似乎过于悲观了。作家叶炜的长篇小说《后土》对以上言论给予了沉重一击，这部作品让我们相信，中国当代文学作家中还是有那么一部分作家在坚守写作良知，尊重写作纪律，从事尊生命、叹灵魂的有温度的写作的。而《后土》也是笔者近几年来读过的最厚实、最丰富，也最具时代性的作品之一。

乡土文学作品在中国现当代文学的创作中，一直以来是主流意识形态最为关注的作品类型，许多优秀的作家如鲁迅、茅盾、沈从文、路遥、贾平凹等都是写作乡村题材的好手，并且许多作家也是因为他们的乡土文学作品而蜚声海内外。乡村，即中国文学重要的素材来源地，也是许多作家抑或民众童年最为熟悉的记忆。乡村的风土人情、地理风貌、野俗谐趣都成为他们最有温度的记忆。然而，"'乡村'已不再是鲁迅笔下的'故乡'和沈从文笔下的'湘西'，更没有了唐诗宋词里的神韵和'采菊东篱下，悠然见南山'那样的情调"[①]。因此，如何全面而又生动地反映乡村风貌是每一位乡土作家的使命。

叶炜是中国作家协会会员，也是上海大学的博士。出版《富矿》后，在2003年已写成《后土》，历经十年修改，最终将这部堪比《白鹿原》的时代长篇近乎完美地呈现在读者面前。有关"后土"是这样解释的：后土，亦称后土娘娘，源于母系社会自然崇拜中的土地与女性崇拜，此后，也被称为大地之母。按此解释，后土便是一个土地之神，自然与依赖土地的农民密切相关。叶炜选取"后土"作为小说的题目也是抓住乡村特性之七寸，因为不描写土地谈乡村岂不荒诞。

一　反刻奇：古朴与变异的乡村面容

刻奇（kitsch），已成为当代无所不在的生活景观和文化消费景观。"kitsch"一词源于欧洲，最初是以媚俗的译法进入中国的（朱大可语），刻奇用"珍爱生活，快乐当下"式的空洞慰藉，催眠自己，说服别人，掩盖人生的千疮百孔，而当事人带着激动和赞美看着自己的灵魂，感慨自己的崇高。"当这种追求失去现实世界的内涵，只具一种崇高的情感形式时，便成了刻奇"（南京大学教授景凯旋语），矫揉造作，过度抒情。乡土农村，是人情停靠的

① 丁帆等：《中国乡土小说的世纪转型研究》，人民文学出版社，2013，第6页。

港湾，是静谧、安详、民风淳朴的想象源地。《后土》将写作的背景放置在苏北鲁南的一个小村——麻庄，小说第一段迅速将读者的兴趣打开：“在苏北鲁南的小山村里，差不多每个村子的东南角都会有一座土地庙。麻庄也不例外。麻庄人崇拜土地，视土地为娘亲。”[①]

这段描写既强调了麻庄人对土地的深厚感情，同时也暗合了大众所说的后土为“大地之母”的民间解释。如果作家仅仅将我们印象中的乡村面容呈现，那么毫无异议，麻庄仅仅是中国无数村庄中最为普通的，那么这部作品也不会掀起波澜。但叶炜聪明地将麻庄设置在社会主义新农村这种背景下，小说便具有了时代性。丹尼尔·贝尔说：“小说诞生后的最初一百年里，小说家的任务是解释社会。”[②]既然中国农村的改革已经进入一个新的时代，在现代化的挤压下，乡土应保证乡村的原始性，小说家的任务毫无疑问便是真实、毫无保留地呈现现实，解释我们这个伟大时代下的社会主义新农村的面貌，小说《后土》做到了这一点。应该说与原有静谧敦厚人情之乡村叙事不同，现在的乡村叙事无论形态、品质、内容等都更丰富。在小说《后土》中，既有人们灵魂的倾诉地——土地庙，也有给予刘青松行动指向的土地爷；既有类似贾平凹小说《带灯》中“带灯”那样的农村基层干部曹东风，也有具有先进思想、敏锐经济意识和远见的大学生村官刘非平；既有传统的卖苦力的制砖小作坊，也有新农村经济形势“农家乐”；既有配置健全的乡村基层组织，也有七零八落、丑态百出的个体家庭。可以说，《后土》还表现出对现实乡村异化的隐隐担忧，无论是书写经济改革带给乡村人民的幸福，还是书写农村变革带给人们不可避免的疼痛，叶炜都能真实地再现。德国诗人荷尔德林说，“文学是为存在作证”，这种存在逼视着我们，但可惜我们的许多作家却在五官皆闭的状态下，从事着缺乏小说味道的密室写作。评论家谢有顺说：“中国当代小说惯于写黑暗的人心，写欲望的景观，写速朽的物质快乐，唯独写不出那种值得珍重的人世——为何写不出‘可珍重的人世’，因为作家们的誓言里早

---

① 叶炜：《后土》，青岛出版社，2013，第1页。

② 〔美〕丹尼尔·贝尔：《资本主义文化矛盾》，赵一凡、蒲隆、任晓晋译，生活·读书·新知三联书店，1989，第187页。

已没有多少值得珍重的事物。”[①] 我想，不是没有值得珍重的事物，而是不愿去写，仅仅追求文学的经济利益。叶炜是特别的，他将中国新时期以来乡村的古朴与狭隘、退守与突围、落后与前行真实地再现出来。与以往乡村叙事内容不同的是，在这部三十多万字的长篇小说中，诸如农村妇女的性问题、留守儿童的教育问题、空巢老人的赡养问题都展露了出来，不遮不掩，令人深思，这些内容组成了具有现代意识的乡村面容。

二　人格面具遮蔽下的乡村性格

“人格面具”来源于希腊文，本义是演员在一出剧中扮演某个特殊角色时戴的面具。瑞典心理学家荣格将“人格面具”纳入其精神分析原型理论，并称其为集体无意识的重要内容。“人格面具是原型的一种，位于人格的最外层，是个体在环境影响下所造成的与人交往时的假象，掩饰着真正的我，与真正的人格不符，是个人向世人展示的外在表现中，即可以观察到的个人行为。”[②] 简单来说，人格面具是指人的多重面孔。正如人性没有绝对的善或恶，人总在善恶交织的灰色地带中前行。人也绝非一面的，生旦净末丑是人的角色表演，人生的不同舞台决定了人的面孔的多重性。“五四以来，许多文学作品之所以不成熟，原因是作者的‘人’没有成熟。”[③] 这种作为“人”的不成熟的作者，所写的人物也是匍匐的。“人生开始匍匐在地面上，并逐渐失去了站立起来的精神背景”（谢有顺语），可喜的是，《后土》中的人物是站立的，也是鲜活的。他们中的每一个人似乎都是农村中随处可见的路人甲或路人乙。这样写，使得小说中的人物站立了起来，并具有了画面感。

《后土》在人物塑造上，许多人物真实可信。曹东风作为麻庄的外姓人，既是一个胆大、有经济头脑、善于交际的村干部（他是麻庄先富起来的代表，

① 谢有顺：《从密室到旷野——中国当代文学的精神转型》，海峡文艺出版社，2010，第 147 页。
② 《荣格作品集》，上海三联书店，2009，第 158 页。
③ 木心：《琼美卡随想录》，广西师范大学出版社，2006，第 77 页。

他办制砖厂打着为集体谋利的幌子，私下里却中饱私囊），但同时为了自己的政治前途，不惜出卖自己的拜把兄弟刘青松，公开其有二胎的秘密。刘青松既是一个典型的勤劳、与人为善、肯吃苦的庄稼汉，又是一个违背计划生育政策、抵制不住女色诱惑而频频出轨的负心汉。他能对妻子赵玉秀百般呵护，却又和翠香等女子假戏真做，在忠厚的外表掩饰下，践行着“哑木匠盖大房”的人生轨迹。王远，作为麻庄最有资历的老干部，在麻庄人的眼里，是一个呼风唤雨、人气爆棚、与人为善、遵守乡规、为百姓办实事的好官，但撕开这副面具，他却是一个借权力糟践女子、贪污腐败的乡村败类（他与麻庄多个女子通奸，在村里多个建设项目中贪污数笔），他是《白鹿原》中鹿子霖的翻版，乖戾、腐化、人面兽心。但与鹿子霖不同的是，他具有极强的承受力（鹿子霖与白嘉轩是公然对抗的），他明知李是凡摸过自己的媳妇，却隐而不发，恭敬地去向李是凡请教诸多乡村问题，真可谓“用心良苦”，其目的就是保住自己在麻庄的社会地位。

叶炜对这些村干部的性格塑造，目的无疑是借人物形象窥乡村政治。韩少功曾说：“恢复感觉力就是政治，恢复同情和理解就是文学的大政治。”[①] 的确，叶炜的感觉力是通透的。中国乡村社会中村干部形态各异，既有贾平凹笔下一心办事、泼辣能干的女干部带灯，也有叶炜笔下胆大心细却又表里不一的刘青松、曹东风、王远等。他们活跃在乡村的舞台上，构成乡村政治风景中绚烂的，却也是“藏污纳垢”（陈思和语）的一幕。他们既为百姓服务，可能又在为自己算计集体，但这就是人性，这就是生活的真实，也最终构成了乡村的政治生态。

当然，在这篇30多万字的长篇小说中，绝非仅有曹东风、刘青松、王远这几个主要人物，作者还为我们写了许多乡村女性，她们或是相夫教子、勤劳本分、洗衣做饭的赵玉秀、刘小妹，或是屡遭他人欺身、命如浮萍的外乡人如意，抑或是敢爱敢恨、具有缺陷美的翠香等。作者通过对这些女性人物

---

① 张产武：《韩少功：恢复同情和理解就是文学的大政治》，《中国青年报》2006年12月11日，第12版。

的塑造，为小说增添了亮丽的风景。1986年，麦家将多年日记中所积累的素材写成了他的第一部作品《私人笔记本》。在这部作品中，曾写道："没有女人的房间是有病的，空气是有霉味的。"笔者在此套用麦家的话语，没有塑造女性形象的小说是有病的，也是有霉味的。因为在乡村的社会群体中，女性或明或暗的角色扮演会加强乡村叙事的写作厚度，加大其叙事力度，同时也为乡土社会增加一抹亮丽的风景，许多擅长乡土文学写作的作家如鲁迅、孙犁、沈从文、贾平凹等，其作品中的女性人物如祥林嫂、水生嫂、翠翠、牛月清等都丰富了其所在小说的写作伦理。

叶炜在小说中为我们塑造了三教九流，尤以戴着人格面具的乡村干部为主，将活跃的乡村生态展露无遗，读来有温度，这也是叶炜小说能紧扣人心的原因。正如谢有顺说"一个作家的写作，除了写自己的悲欢，还要关注灵魂的衰退，除了写私人经验，还要注视'他人的痛苦'，除了写欲望的细节，还要承认存在的一种欲望的升华机制。"[①] 叶炜的《后土》是做到了，它不仅关注了人物在乡村面对社会主义新农村这样的机遇中的现实活动，还关注了他们的灵魂轨迹，他们或迎面而上，抓住改革的衣襟，大展宏图（如曹东风），或唯唯诺诺，逆潮而守，成为可悲的弃客形象（如王远），而这一切的升华机制便是乡村社会。正如贾平凹《腊月·正月》中的改革者王才与封建卫道士韩玄子，最终，乡村社会历史的命运选择了前者。《后土》依赖于宏大的叙事背景，对于人物的塑造可谓用心良苦，但这是值得的。因为"优秀小说的基础就是人物塑造"[②]。

三　文学人类学视域下的乡村民俗

（一）婚俗

中国是一个传统的宗法制笼罩下的农耕社会，由血缘关系连接的人际纽

① 谢有顺：《从密室到旷野——中国当代文学的精神转型》，海峡文艺出版社，2010，第155页。

② 〔英〕伍尔夫：《论小说与小说家》，瞿世镜译，上海译文出版社，2009，第292页。

带显得紧密而又顽固，在民间社会中，重视血缘关系的一个重要方面便是对婚姻的期冀与看重。婚俗是一种人生的“通过仪式”（the rites of passage），是人的生命历程的必然旅程。“仪式不啻为人类学研究提供了一个观察和体验社会历史生活的不可多得的实践场域。”[①]叶炜的作品中对婚俗的展示是较多的，如对“处女情结”的看重，出外卖身的菊花滞留村里嫁不出去，只能做了处女膜修复手术，嫁到两百公里外的外村，这显示出麻庄人对于女性贞操的格外重视。另外，关于婚礼的描写也格外独特。“不久，曹东风请懂黄历的老人查了日子，给刘小妹家送了‘大柬’。等确定好婚期，准备好四六八色的礼品，衣料四身，八色礼盒，猪肉数斤，活鸡一对，鱼一对，点心十斤，化妆品一宗，艾一对，葱两根，高粱莛筷子一把，再加上‘年命帖’一份，择吉日用抬盒一起送到了女方家。婚礼前两天，曹东风给刘小妹下了‘催妆衣’，包括做好的红棉袄、棉裤，另外还有猪肉等。女方回了‘回盒’，装着鞋帽、成衣一身。”[②]这些婚俗的描写，为读者更好地了解麻庄、了解苏北鲁南的婚嫁提供了更为生动的证据。

（二）说唱文化

许多人类学家认为，人类唱歌的天赋与生俱来，早在原始社会中，当人们捕获猎物、围坐在篝火旁时，首先便是“歌之”，此后才伴随着“舞之”“蹈之”。“歌之”成为人类祖先在那段没有文字的寂寞岁月中表述情感的有限形式之一。随着社会的发展，说唱形式也不断更新，但一个基本的事实是，人类说唱的环境很多时候自然便分成两类：日子舒心与度日如年。但与此同时，人类的说唱在乡土社会中总是伴随着仪式，应情应景。说唱内容往往会以儿歌、山歌、民间小调等形式表现出来。不管是何种形式，内容无外乎时政、爱情、仪式、劳动等。叶炜的《后土》中写了曹东风为父迁坟，请人唱

① 彭兆荣：《文学与仪式：文学人类学的一个文化视野——酒神及其祭祀仪式的发生学原理》，北京大学出版社，2004，第2页。

② 叶炜：《后土》，青岛出版社，2013，第111页。

的迁坟仪式歌，小说写道“新棺木在马鞍山一落地，裴瞎子就高声宣告，‘吉时已到，响炮进金’。他口中念念有词：赫赫扬扬，日出东方。吾今安坟永保吉祥。金蛇回洞，玉鼠归仓。金蝉入穴，归位永康……”[①]这段念词，昭示了亡人灵魂的安息，也借此预示着活人的福禄。这种说唱仪式在农村颇为常见。此外，小说也写了孩子堆雪人时唱到的劳动歌：“堆呀堆，堆雪人，圆圆脸儿胖墩墩。大雪人，真神奇，站在院里笑眯眯。不怕冷，不怕冻，我们一起做游戏。”[②]这段描写会勾起许多读者童年的回忆，颇有生活的情趣。小说也写了情歌，如孟疯子总是在唱的谁也听不懂的情歌：“小妹妹送情郎啊，送到那大门外，手拉着（那个）手儿，问郎你多咋回来……”[③]这段情歌说唱将一个虽然神志不清，但情感丰富的孟婆子表现了出来，体现了她对李麻子的思念之情，这段说唱颇有信天游的情歌风格。《后土》中还写了大量的时令歌。在笔者看来，时令歌中也包括对时令的民间歌谣，这一点，作者在《后土》中也是信手拈来。如“秋风寒露夜，一夜凉一夜”[④]、“谷雨下雨，四十五日无干土”[⑤]、“小麦盖了三层被，来年枕着馒头睡”[⑥]等，这些民间时令谚语往往以说唱的形式再现出来，将农村人的多年实践经验形象地展露出来，显得贴切、温暖，而又有画面感。

说唱文化是最容易表现人物性格、体现乡俗民趣的艺术形式，在人类多样说唱文化的映衬下，乡村活跃的民风民情也跃然纸上。

当然，叶炜的《后土》中，不仅写了性、婚俗、说唱文化，还写了一些非常具有细节性的民间风俗，如“麻庄人走到哪里都有这个蹲的习惯，这个习惯也是中国农民所特有的，看一个人是不是庄稼人，从他喜不喜欢这个动作就能判断出来。蹲既是一个标志性的动作，也是人生的一种姿态，这是俯下

① 叶炜：《后土》，青岛出版社，2013，第 275 页。
② 叶炜：《后土》，青岛出版社，2013，第 280 页。
③ 叶炜：《后土》，青岛出版社，2013，第 213 页。
④ 叶炜：《后土》，青岛出版社，2013，第 83 页。
⑤ 叶炜：《后土》，青岛出版社，2013，第 81 页。
⑥ 叶炜：《后土》，青岛出版社，2013，第 280 页。

身子向下的姿态”[①]。如此细节的描述，可以说在年轻的中国当代作家中是少见的。我们也在贾平凹的小说中知道陕西人喜欢蹲着吃饭，他们把蹲叫作“蹴”，但从来没有作家解释“这是俯下身子向下的姿态”，这样的解释就将中国农民那种谦逊又显胆怯的性格，以及自在向下、面朝黄土的姿态，淋漓尽致地展现了出来，如此鲜活，又亲切感人。还有对于农村人常常讲究的风水，叶炜也不放过，甚至盖茅房也有讲究“在麻庄，盖茅房是很讲究的一个事。小小茅坑会影响到整个院落的风水，当然也会影响到一家人的运命。据裴瞎子说，家里的茅房不能与大门正冲，否则会多口舌之灾，诸事不顺。茅房不可与锅屋正冲，否则会对家里的女人不利。茅房不可与堂屋门正冲，否则家里人会多病。最重要的是，茅房不可冲土地神位、祖先神位，否则会犯小人……茅房宜安在白虎方位为佳，压在凶方”[②]，诸如此类，叶炜很细致周到地将乡土文化中的点滴细节为我们呈现出来，虽没有面面俱到，但已十分不易。应该说《后土》承续了中国乡土小说朴讷悠远、念兹在兹的写作传统，但同时又立意深远，包容万象，特别是在小说中融入人类学内容，更增强了作品的可读性。

四　守望与突围——乡村命运的深切关怀

“小说如果只是故事的奴隶，而不能有效地解释人心世界的密室，那么小说存在的价值就显得非常可疑了。”[③]的确，作家不但要是写故事的好手，而且要凸显典型人物，既要有大写的人，也要有小写的事。正如这部作品，既要微观到麻庄，又要宏观到中国社会主义新农村。叶炜是写故事的好手，这一点自他的《富矿》就初见端倪，谢有顺曾说他已经很久没有在小说中听到一声鸟叫，闻到一束花香了，意思是现在许多中国当代小说迷恋于人事而忽视了自然环境。叶炜弥补了这个缺憾，小说有大量的环境描写。“苏北鲁南的阴雨

① 叶炜：《后土》，青岛出版社，2013，第46页。
② 叶炜：《后土》，青岛出版社，2013，第280页。
③ 谢有顺：《从密室到旷野——中国当代文学的精神转型》，海峡文艺出版社，2010，第140页。

季节不像南方那么细小，那么温柔，这里的阴雨天要粗犷得多。雨一会儿紧一会儿松，松松紧紧，紧紧松松，总之是大雨套着小雨，小雨伴着大雨，憋足了劲儿，使足了力气，像一个受了巨大委屈想痛哭一场的苏北妇女，一旦放开嗓子就再也收拾不住了。”[①]这段对于苏北雨的描写，就将南方阴雨连绵时大时小的梅雨就势写出，形象生动，如临其境，总之，让读者很过瘾，且这些让我们回到了记忆中的乡村，有了乡村的气息。同时，叶炜又关注到农村的留守及空巢问题，小说中写道：“几条狗在村儿里晃来晃去，垂着尾巴，见个人影儿就摆个不停。麻庄空得厉害，连狗都感到无聊了。路旁空出的几间大瓦房，半天听不到什么声响，那里要么只剩下了老人，要么就是几间空屋子……土地也有撂荒的了。站在马鞍山往下看，没种庄稼的裸地越来越多。”[②]荒芜的土地、老弱病残的乡民构成现在有些农村残酷而又荒凉的世间景象。然而，就是这批人守望着乡村，维系着乡村微弱的命脉，也留给我们残存的记忆。当大量青壮年劳动力涌入城市，农村的持续发展面临着日益严峻的挑战。“记忆中的那个故乡的形状在现实中没有了”（贾平凹语），的确，乡村的前途值得思考。虽然我们没有为农村寻找出路的使命，但也不至于为其唱挽歌。

许多人寻找乡村，既是在寻找心灵的归宿，也是在保留一份对乡土的守望。“漂泊于森林中的野人，没有农工业，没有语言，没有住所，没有战争，彼此间也没有任何联系。”[③]今日乡村的古朴早已成为故事，原始主义残存的真容已在日渐消亡，乡村是古朴的，乡村也应该是现代的，城里人不应为了让自己拥有一个美好的记忆或是周末有一个好的去处，而阻止乡村的发展，但我们也不应该在乡村走向现代化的进程中，忽视乡村所面临的困境或者消除乡村本有的古朴与宁静，这也许就是社会主义新农村在走向现代化的进程中所面临的两难处境。但无论怎样，乡村必然以土地为主，只要认识到这一点，就不应该失去对土地的敬畏与信任。因此，读到叶炜的小说《后土》，也触动

① 叶炜：《后土》，青岛出版社，2013，第 87 页。

② 叶炜：《后土》，青岛出版社，2013，第 120 页。

③ 〔法〕卢梭：《论人类不平等的起源和基础》，李常山译，商务印书馆，1982，第 106 页。

了笔者一直思索的问题：如何在确保中国农村现代化发展的前提下，保持农村土地的利用率及农村的温情面容？

中国当代文学长时间以来都弥漫着“文学工具性”的烟雾，使得中国作家在呈现作品时缺乏一个彼岸的世界，而总是纠结于政治或道德。关于文学与政治或道德的关系，笔者十分赞同“华语文学传媒大奖 2011 年度批评家奖”得主李静的观点：“文学与政治相关，但绝不是政治。文学与道德相关，但也绝不是道德。政治的价值尺度是利益，道德的价值尺度是实践，而文学的价值尺度则是艺术的创造力如何。”① 虽然叶炜的《后土》依然写到了社会主义新农村，似乎与政治相关，但通篇看完，这仅仅是小说的叙事背景，并没有让我们看到对政治的恭维与逢迎，相反，让我们热度持久的却是作家海纳百川、不拒细流的乡村面容呈现以及对农村诸多现实问题的深度反思。叶炜是一个“往土里钻”的作家，也是一个勤奋的作家，十年磨一剑的辛勤创作终成正果，《后土》无疑是中国乡土文学史上的一枚硕果，也难怪雷达、吴义勤、李敬泽等诸多文学界的前辈力推《后土》。这部作品也成为 2013 年最值得推荐的一本书。这是实至名归的。《后土》为我们呈现了很好的评论范本，叶炜也用他的创作告诉我们，好的作品应该是什么样的。虽然这部作品有些缺陷，如语言不精练，还有将解决苦难的办法交给了土地爷，似有迷信之嫌，但这些都阻碍不了它成为一部优秀的作品，至于伟大与否或是否经典，就交由时间去检验吧！

① 李静：《必须冒犯观众》，新星出版社，2014，第 88 页。

疾病隐喻与中国当代小说

——以贾平凹、阿来、阎连科为例

在人类学看来，疾病是人类必经的生活内容，是生命仪式的多重再现，是人生“通过仪式”的固有本义。在中国当代文学作家的作品中，疾病现象屡屡出现，参差有异。疾病本身所承载的价值判断隐喻多样，而文学无疑充当了最好的载体。

有史以来，疾病就与人类如影随形，在人类学看来，疾病就是生命的脱序状态，早在我国殷商时期的甲骨文就有关于“疾”及其分类的描述，《周易》《周礼》中也有古人对疾病的记载。疾病作为生命存在的状态之一，也是人类永恒的生存困境之一。因此，“疾病不仅是医学界的重要的研究课题，也是文学艺术永恒的主题和关怀之一。文学与疾病有着千丝万缕的内在联系。就人文关怀和生命悲悯而言，医学与文学是相通的。无论是研究身体还是描述心灵文学和医学，都是人学。文学的表现对象和价值指向是人，医学的研究对象也是人。两者都关心人类的生命和生存状态，表达的是对生命和生存的悲悯和关怀。可以说是殊途同归”。[①]“早在古希腊时期，希腊神阿波罗同时是诗歌神和医药神，他迄今依然是艺术和医药神的象征。”[②]关于隐喻，刘勰在《文心雕龙·隐秀》中言，“隐也者，文外之重旨也”，“夫隐之为体，义生文外”，

① 邓寒梅：《中国现当代文学中的疾病叙事研究》，江西人民出版社，2012，第11页。

② 〔德〕维拉·波兰特、方维贵：《文学与疾病——比较文学研究的一个方面》，《文艺研究》1986年第1期。

故“情在词外曰隐”。刘勰关于“隐”的论述表达有多重内涵，外延不断拓展。隐喻（metaphor）源于希腊语“metapherein”，意为“超越”或“传送”，代指一个对象的意义，借助于比喻性的语言程序被转换到另一个对象，使第二个对象似乎可以被说成第一个。有关“隐喻”，亚里士多德在《诗学》中说，“把属于别的事物的字借来做隐喻，或者借‘属’做‘种’，或借‘种’做‘属’，或借‘种’做‘种’，或借用类比字”[①]。通常来说，隐喻是用其他事物来指称本事物。而隐喻思维往往是通过想象性事物用熟悉的方式来思考或观察隐秘事物的一种思维方式。《病患的意义》的作者图姆斯曾暗示：生病是过去、现在和将来的意义，可能以其他方式发生改变。

世界文学的源头在古希腊文学，而恰恰就是在古希腊时期，有关疾病的多重隐喻已然存在。在这一时期，疾病常常被认为是个人过失、祖先有罪、集体之责的罪行方式。所以，在著名的《伊利亚特》中，作者荷马一开篇就为我们呈现了天神降瘟疫于希腊联军的画面，这是一种罪责的惩戒，也是天神意旨的再现。而哲学家柏拉图更是在《国家篇》《政治篇》中将疾病的隐喻推演到社会的政治领域，把社会比作一副由头脑操控的躯体，自然机体健康的社会就会呈现出运转有序的良性状态。西方的诸多学派，也在不同方面突出疾病隐喻的道德意义。例如，斯多葛学派将情欲看作疾病的源头，如肢体有病，则是神的旨意，用以磨炼人的德行。作为神学的宗教，则把疾病看作个人生活放荡不羁的终结，常常将疾病与犯罪紧紧捆绑在一起。作品《出埃及记》中描述了惩戒异己力量的“蛙灾”“虱灾”“蝇灾”“畜疫之灾”“疮灾”等十大瘟疫，以示对敌人的惩罚。在《伊利亚特》第一部中，阿波罗为了惩罚阿加门农诱拐克莱斯的女儿而让阿凯亚人染上鼠疫。隐喻的表达方式恰恰是世界上无数文学家试图表现文学主旨的常用手段之一。

“疾病是生命的阴面，是一重更麻烦的公民身份。每个降临世间的人都拥有双重公民身份，其一属于健康王国，另一则属于疾病王国。尽管我们都只乐于使用健康王国的护照，但或迟或早，至少都会有那么一段时间，我们每

---

① 〔古希腊〕亚里士多德：《诗学》，陈中梅译注，商务印书馆，1996，第 72 页。

个人都被迫承认我们也是属于另一王国的公民。”[①]苏珊·桑塔格的这段有关疾病的经典阐述，使得我们确信疾病是人生“通过仪式”上的必经之路。在人与自然的长期斗争中，疾病不仅一路相伴，而且构成了人类文化上的多种缺陷。同样，疾病也被赋予了诸多隐喻意义，并成为文学重要的题材之一，对作家作品乃至文学思潮，都产生了重要的影响。尤其是传染性流行病，如麻风病、结核病、梅毒、艾滋病、癌症等被一步步隐喻化，从“仅仅是身体的一种疾病”转换成一种道德评判或政治制度。在中国当代文学作家作品中，无论是作者本人，抑或是作品本身，都在呈现疾病所带来的“影子的世界”（苏珊·桑塔格语）。而就人类学而言，“早在30多年前就有先驱探讨了这种关系，他们是约翰·卡塞尔（John Cassel，1964）、弗雷德里克·丹恩（Frederick Dun，1979）等人。有好几位学者（比如，Dunn，1979；Janes，Stal，and Gifford，1986；Nations，1986）都指出，把人类学方法和理论融入流行病学中很有必要而且很有用处；其他一些人（比如True，1990）则提出把流行病学方法引入人类学中。亚瑟·鲁贝尔等人把流行病学的方法应用到了对一种墨西哥村庄中特有的疾病——苏斯托的研究中（Arthur Rubel，1964；Rubel，ONell，and Collado-Ardon，1984）对几门学科的研究逻辑进行比较可能会揭示出它们基本的研究策略”，“人类学还以更加本质的方式运用了流行病学的逻辑和方法。首先，评估和解释各种疾病在人群中的分布情况是人类学的一项固有任务。人群随阶层和民族等形成的区分以及发现行为模式和社会互动方式与疾病的关联是人类学的研究课题，需要基于人类学的假设来推进。这些假设可能基于系统的研究，也可能凭借的是未经证实的常识”[②]。对疾病的人类学分析，透过文学的种种因子可以清晰表达。

① 〔美〕苏珊·桑塔格：《疾病的隐喻》，程巍译，上海译文出版社，2014，第1页。

② 〔美〕罗伯特·汉：《疾病与治疗：人类学怎么看》，禾木译，东方出版中心，2010，第121页。

一　疾病与“药”：贾平凹兼及小说中的病相报告

贾平凹，一个出生在陕西省丹凤县的农家娃，他的出生与长相都如此普通，然而他却延续了陕西作家群良好的创作传统：勤奋、朴实、坚韧、永接地气、沾染烟火、表露真情。贾平凹自登上文坛以来为广大读者奉献出《爱的踪迹》《商周初录》《丑石》《腊月·正月》《白夜》《天狗》《废都》《高老庄》《怀念狼》《秦腔》《古炉》等文学作品，也数次在中国当代文坛上掀起波澜，虽然部分作品（如《废都》）的出版历经坎坷，但贾平凹凭借扎实的写作功力及对民间文化的深切关怀，其作品《秦腔》依然获得中国当代文学最高奖“茅盾文学奖”。这个被誉为“鬼才”的作家吸引了无数的研究者，其结果当然是论述颇多，褒贬不一。以郜元宝、李建军为代表的批评家持批判态度，而以陈思和、谢有顺为代表的批评家又许以赞赏口吻。一个颇具争议的贾平凹就这样登上且至今仍然活跃在中国文坛上。1927 年 7 月 23 日、26 日，鲁迅在国民政府广州市教育局举办的广州夏季演讲会上所做《魏晋风度及文章与药及酒之关系》是鲁迅后期学术思想的一篇标志性文章，这篇文章借何晏吃药传达出鲁迅深厚的学术思想及对现实人生的深切关怀。2000 年，王朔、老侠等推出一本书《美人赠我蒙汗药》，在书中，王朔等人表述了自己的理想与写作，评论了大众文化的媚俗，骂知识分子的虚伪，也批当红电影导演，谈小说和现实中间的性及爱，论当代作家的座位，揭露了我们这个时代文化环境的内在真实，读后令人酣畅淋漓。鲁迅的这篇文章与王朔等人的这部作品的书名都提到了“药”，显然，鲁迅笔下的何晏之药与王朔等人之药意义迥异。无独有偶，贾平凹本人与药多次结缘，而其小说也呈现出世人的病相，并开出药方。

无论是贾平凹本人，抑或是贾平凹的作品，都在药和药的隐喻上不断前行，除了研究民族和族群的关系外，对人类的生命历程的探讨也是一个重要的研究范畴。人的生命由年少到年老，由生到死，在一次次的人生“通过仪式”中，形成完整的“生命圈”，这也是人类学中有关人类生命与文化演进所关注的问题。在人的生命的漫漫长路中，“药”是一个不容忽视的人类学意象，因为它关涉着我们个体生命前行的轨迹，同时也延续着人类对本我的基本要求。“药”这个意象在贾平凹及他的作品中也有所展现。

贾平凹从小体弱多病，并且有过得乙型肝炎10年的痛苦经历，因此对药的感受是痛彻心扉的，贾平凹自己曾说：“现在连蚊子也不叮我，因为我吃的中药多，肉全是苦的。”[①]得了疾病的人在某种程度上就算在事实上不具有传染性，也在道德上具有了传染性。因此贾平凹长期的敏感多疑，也许在与疾病的斗争中有所体现。许多疾病往往是伴随着情绪的消沉而来，同样是一种生物能力的萎缩，也是对一种希望的放弃。其实世界上许多作家都有疾病。在国外，弗吉尼亚·伍尔夫、叶赛宁患有精神抑郁症，普鲁斯特患有严重的哮喘，莫泊桑、波德莱尔患有梅毒，卡夫卡、劳伦斯、契诃夫、拜伦、雪莱等都患过肺结核。在中国，杜甫患有肺心病，白居易有眼疾，鲁迅、巴金、萧红、冰心等都患有肺结核，史铁生患有脊髓灰质炎，下肢瘫痪，海子患有精神分裂症，路遥患有肝硬化。贾平凹仅仅是其中的一个特例而已。人有了疾病就需要医治，而在医治的过程中就会诞生无数的疾病的隐喻，这就可以放到文学和文学作品中来。关于贾平凹，我们把关注的重点放到了陕西。其实在陕西的很多地区，山高坡陡，交通不便，许多人是没有条件和方式接触西医的。都梁的《血色浪漫》中提到一个情节：一天，主人公钟跃民等一批陕北知青发现一个发烧的小孩子，为了给孩子治病，大家轮流抱着孩子跑很远的山路找大夫，最终还是晚了，孩子死了。山高路远应该是造成这个悲剧的一个重要原因。在商州，交通的不便使得活跃在乡间的赤脚医生成为人们最后的依靠，而这些医生多是中医，药方自然便以中药为主，熬制中药又需要药罐。贾平凹自身的病史与其成长环境使得贾平凹的小说中时常有药及药罐出现，有些贾平凹研究者言其有“药罐情结”也在情理之中。的确，贾平凹有一篇作品，题目便是《药罐》，他写道：“上医院是不敢思想，抓中药那也是要很多钱的，我们没有钱买更多的粮食吃稠饭，哪还能买药吃？吃药和买香烟是

---

① 贾平凹、谢有顺：《贾平凹谢有顺对话录》，苏州大学出版社，2003，第100页。

一样被认作奢侈，天神，咱又不是社长。”[①]在陕西的一些村子里，一个村就一个药罐，谁家有人生病便拿去用，用完放在固定的地方，等着其他有病的人家来取，因为不能送，更不能去要。甚至，社长吃过的药渣也能医治其他人的病。这种落后、愚昧的治病方法令人读后内心久久不能平静。贾平凹对乡土病相的解释与暴露，是要对自身所生活的乡土做出疗救，这样也才会心安。“在中国的文坛上，我是著名的病人，几十年过去了，虽活得不痛快，但却总活着，而且越活越见了精神。”[②]贾平凹的确是体质虚弱，但正如他所说，是越活越精神了，不但他有精力，他的作品也有活力。究其原因，便是他找到病灶，开出药方，内心安宁。托马斯·曼在其作品《魔山》中说：“疾病的症状不是别的，而是爱的力量变相的显现，所有的疾病都只不过是变相的爱。”[③]贾平凹将他得乙型肝炎十年来的人生履历，换成了对中国文学无限制的爱。在长期的写作过程中，贾平凹把对中国文学的一种力量奉献给了读者。通过作品，他为中国社会开出了一个一个的药方，指出了他们的病象，这也是一种爱的变相的表达。

贾平凹有两副笔墨：乡土与都市。贾平凹最擅长的还是对乡土的书写。他常常借商州山地一种或数种古老的风俗、当前农村一项或几项致富的门路、痴男怨女间一场或几场感情的纠葛来写人情的浓与淡、人性的善与恶，韩玄子、王才、门门、李正、天狗等鲜活的乡村人物都印刻在读者的脑海中。虽然贾平凹转向都市的代表作《废都》当年留下一片争议声，但那个年代发生的事多年后提起或许仅仅是一个“听说”而已。在文坛的退场不是贾平凹的风格，法国“女评委”奖的获得，让贾平凹露出了“上帝的微笑”，虽然这种笑多少带着些坏笑、窃笑，但中国读者的全程买单还是让贾平凹赚得盆满钵满。贾平凹通过许多作品写出了对中国社会的病相报告。他说：“自己的小说创作最早学习鲁迅。学习鲁迅主要学习他对社会的批判精神，对社会的透视力。”[④]

---

① 王蒙、王元化总主编《中国新文学大系》，上海文艺出版社，2009，第259页。

② 贾平凹：《五十大话》，长江文艺出版社，2003，第100页。

③ 〔德〕托马斯·曼：《魔山》，钱鸿嘉译，上海译文出版社，2006，第350页。

④ 《贾平凹文集》（第14卷），陕西人民出版社，1998，第373页。

的确，贾平凹的诸多作品都对中国的现状及国民性的缺陷开出“药”方。《高老庄》通过高子路跪在父亲坟头，发誓自己可能再也不回高老庄了，揭示了“人种退化”的现实问题，提出现代人要有狼性精神。《浮躁》可谓是为州河民众，也为现实大众开出了药方，即在浮躁的社会中，个人的心态和精神状态准备好才是最重要的。在今日这个略显浮躁、个体意志高扬的时代，如何在精神场域找到自己的根是最重要的。在《秦腔》中，贾平凹依旧在清风街上打捞民族变异的精神民俗，提到对民间文化的保护与抢救的重要性。《废都》是一份知识分子群像的病相报告，撕去了所谓“精英阶层”的“皇帝的新衣”，这种终极关怀显得有必要，而且及时提醒许多自我陶醉或身处巴别塔尖的知识分子，要经常告诉自我“我是谁”“我在哪”。《怀念狼》更是以生态学的眼光为我们敲响人与自然失谐的警钟，在“天人共态”的思想下烛照人类的生存困境等。这些作品所揭示的病相报告可以说是似匕首、像投枪，直入人的灵魂深处，颇有鲁迅的文风。

药长久陪伴贾平凹，也是他固有的情结。这种自然的药，在人的一生中都在陪伴我们的个体生命，它医治着贾平凹及我们伤痛的肉体，调节、延续了我们生命的进程。药分西药与中药，西药治标、中药治本，在人类学看来，肉身的完整性存在才是生命的根本，也才能够走过众多的“通过礼仪”，最终完成“生命仪式”。贾平凹的作品为中国现实及社会人生开出的精神药方是中药方，一针见血地指出了人类惯性背后的萎缩与叠加，但其表述就如药罐一样虽长相与做工普通，但炖出的药却疗效甚佳，正如贾平凹的作品语言朴素，没有现如今流行的穿越、言情与青春文学的奢华，但他的理性高度却直指社会、人心的病灶，作品具有很强的穿透力，贾平凹凭借其扎实的理论基础和深厚的文学素养在文坛上也真正意义上达到了“任尔东西南北风”的人生姿态。而这些恰恰就是贾平凹病的隐喻，也是中国文坛疾病的隐喻。

二　梅毒：尘埃何时落定

阿克顿在《自由与权力》中指出："历史并不是道德上无辜的一双手编制的一张网，在所有使人类腐化堕落和道德败坏的因素中，权力是出现频率最多的最活跃的因素。"[①] 套用此话，在文学的个体性发展中，在人物腐化堕落、道德败坏、行为乖张的诸多因素中，疾病也是出现频率最高的、最活跃的因素之一。阿来的《尘埃落定》是一部值得研究的作品，是一个有关中国边鄙之地，一群藏族土司的奇特故事，借一个末代土司之子麦其土司二少爷这个"傻瓜"的独特视角来叙述20世纪50年代边塞之地的藏族土司制度的瓦解。在《尘埃落定》中，嘉绒藏地土司统治导致消亡的外力因素有"罂粟""梅毒"，其中，梅毒这种传染性疾病的叙事意象，用人类学的观点看来是一种道德腐败堕落的人性象征。而由"梅毒"所引发的边境市场的颓废糜烂、奢侈的精神病象令人惊愕。梅毒旧称"杨梅疮"，或俗称"杨梅大疮"，但在中国一直被归于所谓的"花柳病"（性病），于是"杨梅大疮"和"花柳病"竟成了一种道德评判。但在西方，梅毒却成为时代病的象征。波德莱尔和福楼拜等人都患有梅毒，而乐于把梅毒当作一种时代病。"甚至暗示梅毒也是一种反叛的政治热情，因而获得了某种道德性梅毒，于是就从一种性病变成了一种时代流行病，再变成了一种政治病。"[②] 当梅毒在15世纪最后十年以流行病的形式开始肆虐整个欧洲，人们给梅毒起的那些名字成了一些例证，说明人们需要把那些令人恐惧的疾病当作外来的疾病。"梅毒对英国人来说是'法国花柳病'（French pox），对巴黎人来说是'日耳曼病'（Morbus germanicus），对于佛罗伦萨人来说是'那不勒斯病'（Naples sickness），对日本人来说是'支那病'（Chinese disease）……"[③] 梅毒的叙事意象预示着人类在通向现代化文化的进程中呈现的拜金、奢侈、罪恶等丑事，梅毒已经具有了符号学和人类学的意义，也是现代文明某些"炸裂式"倒塌的必然指向，是传统地域文化与现代文

---

① 〔英〕阿克顿：《自由与权力》，侯健、范亚峰译，商务印书馆，2001，第342页。

② 〔美〕苏珊·桑塔格：《疾病的隐喻》，程巍译，上海译文出版社，2014，第119页。

③ 〔美〕苏珊·桑塔格：《疾病的隐喻》，程巍译，上海译文出版社，2014，第142页。

明弊端深度遭遇的必然结果，也是阿来对伦理、人性、道德等精神内涵深层思考的成果。

“这个事实（实际上我们所谓的事实是我们对其他民族对他们和他们同胞的所作所为的构建的构建）被掩盖起来，因为在事情本身得到仔细观察之前，我们需要用来理解一个特殊事件、礼仪、习俗、观念或其他什么的东西，大都已逐渐成为背景知识……在这项事业底层的真正的基础上，我们已经在进行阐释；而且更糟的是，我们正在对阐释进行阐释。”

阐释本身就是消解，也是重构。易卜生的《群鬼》是一部反映社会问题的力作。作品讲述了放荡的父亲将梅毒传染给儿子，给家庭带来的悲剧，但实际上，梅毒在这部作品中隐喻的是背后深层的社会文化问题，表达了欧洲在长时间的历史发展中异教徒与基督教两大精神遗产的溃败。易卜生《群鬼》的时空背景，又被惊奇地复制到了阿来的《尘埃落定》中。

在阿来的《尘埃落定》中，自“罂粟”种子被带来之后，土司领地悲剧性的命运也就埋下了伏笔。土司太太就是吞下了鸦片的烟炮自杀身亡，只是梅毒延续了罂粟之灾，是整个作品叙事情绪高潮的延续。梅毒不仅毁掉了一个土司家庭，而且将一个民族区域的地方文明毁灭了。身染梅毒的汪波土司曾怨恨地说，妓院的女人毁掉了他的身体，朋友的妻子毁掉了他的心灵。[①] 在麦其土司二少爷所建的新镇子上，众多土司都在诅咒这个镇子，他们认为是这个镇子使他们的身体有病并且腐烂。在《尘埃落定》中，梅毒隐喻着边地藏族土司制度的垂败，好像梅毒就是一条“历史的鞭子”，打在了藏地土司制度悲伤的脸庞上，扬起历史变迁的尘埃，弥漫起人文灾难的烟尘。因此，梅毒的隐喻是多重的：首先，它隐喻着戏班、妓女、商人等外来者所带来的新旧社会传统文明与现代文明，边塞藏地与主流汉地之间的深度碰撞；其次，它预示着藏族土司制度早已溃烂，必然衰落并最终瓦解的历史趋势；再次，它也预示着在中国先进的政治经济形态投入藏地后，藏区的社会形势与文化生态的严重错位所带来的炸裂似的疼痛；最后，它也是动荡的边地藏区生活方式

① 阿来：《尘埃落定》，人民文学出版社，1998，第 388 页。

裂变与人文精神嬗变的变乱之态。

《尘埃落定》中，梅毒是外力介入土司家族的导火索之一，也是故事充满张力、情节起伏的关键性因素之一。“梅毒”不只是一个简单的文学符号，也是承载历史记忆、强化未来审美功能、实现故事情绪的切入点，是历史叙事、艺术审美、文化启蒙三种功能的全面复活。对于流行病而言，人类学的方法重在阐释，梅毒是性爱狂乱的非理性因素导致的必然结果，但也是人性象征意象的重要载体，更是藏地土司时代必将走向衰败的催化剂。其是现代文明多样性的时代缩影，也是在全球化时代人类应该尊重“自度”之人性的永恒昭示。作为尘埃之一的梅毒，必将随着藏地土司制度的衰败，而最终走向衰亡。长期以来，梅毒不仅被看作一种可怕的疾病，而且是一种羞耻而粗俗的疾病。反民主派人士用它来描述平等时代的亵神行为。法国作家波德莱尔曾经写道：“我们每个人的血管里都有共和精神，就像我们每个人的骨头里都有梅毒，我们全都被民主化了，被梅毒化了。”①波德莱尔有关梅毒的论述恰恰证明了性与政治之间的联姻，而把梅毒的隐喻意义也凸显了出来。阿来小说《尘埃落定》的梅毒，恰恰就是这样一种多重寓意的反映。

三　艾滋病、痴呆和癌症：阎连科小说中的疾病书写

阎连科是在中国军队中成长起来的一位具有敏锐的观察力，但又执着于乡土的作家。他写出的“耙耧山脉”系列小说，为读者对中国乡土的重新认识无疑起到了至关重要的作用。其对乡土女性命运的执着坚守，对人性式微的另类探索都起到了重新解读的功效。然而就在“耙耧山脉”的系列作品之中，对疾病的缩写也是他绕不过去的小说内容。艾滋病、痴呆症和癌症构成了阎连科小说中内容丰富的疾病书写。就阎连科本人而言，疾病也与他相伴随。阎连科患有严重的腰椎间盘突出，经常卧床休养。疾病不仅改变了他的生活方式，也使他对生命和生活有了更深层次的思考与理解。“身体状况会影响一

① 转引自瓦尔特·本雅明《发达资本主义时代的抒情诗人》。

个人对生命的认识，他对生命的认识肯定不同于健康的时候。身体不健康的人，可能对生命的感觉更复杂，更敏感一些。病虽然不是致命的，但对生命的韧性加强了，对生命与活着的渴望也增加了许多。”[①] 正是丰富的疾病体验，使他容易透过疾病的现象看到社会与人生的本质，也创造出更富感染力的作品。痴呆症是一种因脑部受伤害或疾病所导致的渐进性认知功能退化，阎连科在小说《耙耧天歌》中为我们塑造了尤四婆这样一位游走于“罪”与“赎罪”中的女性形象。由于近亲结合，尤四婆和她的丈夫尤石头生下了四个非呆即傻的孩子，这击垮了尤石头最后的心理底线，他投河自尽了。四个痴呆孩子的疾病，迅速变成了罪与原罪的隐喻。尤石头选择了一条摆脱人生痛苦的捷径，他把原罪留给了他的女人，而他才应该是原罪的真正赎罪者，毕竟他的父亲患有羊角病而把遗传基因带给了他，他又带给了他的四个儿女，尤四婆是真正的无辜受害者，却要做这原罪的赎罪者。在西方《圣经》中，原罪是夏娃这个女人引发的，亚当这个男人成了赎罪者。但在现实生活中，原罪却通常是由男人造成的，而原罪的真正赎罪者又多是女人。尤石头自尽，赎罪的重担便转到了尤四婆身上，尤四婆是否有勇气面对自己身受遗传病折磨的儿女，的确是对人性的考量。

在中国社会中，罪感文化在人们的意识中并未深入，正如中华民族对于悲剧的认识一样。“我们这个民族是一个悲剧精神比较浅淡的民族，根深蒂固的‘仁’‘恕’‘有序’‘中庸’等儒家思想，形成‘温良恭俭让’‘中和’的民族文化心理，难以产生西方那种由激烈的矛盾冲突而生成的悲苦和壮烈的情感。”[②] 所以，在我们国家文学作品中是有悲剧，但无悲剧精神，因罪而具有沉重赎罪感的人确实甚少，在很多时候却换为“报应”这个词语。但是阎连科的《耙耧天歌》中的尤四婆却明显是具有赎罪心态的人物。为了赎罪，她历经几个阶段：首先，养大这些儿女。小说中有一个情节，尤四婆白天要照顾这些没有自理能力的孩子，因此只有夜间等孩子睡了才出来在田里干活。邻村的

① 阎连科、梁鸿：《巫婆的红筷子》，春风文艺出版社，2002，第 125 页。

② 褚洪敏：《温暖孤独旅程——铁凝小说中的流浪意识》，《理论与创作》2006年第5期，第80~83页。

一个男人过来帮她翻地，条件是要她裸露上身让他看，还要让他睡一夜。尤四婆裸露了上身，让男子翻完了地，却没让男人睡自己。裸露上身是为了让这个男子帮她翻地，晚上没去这个男人家，保留了尤四婆最后的尊严。就这样一个让人震颤的情节，令人感悟到尤四婆强大的尊严感以及赎罪的艰辛，让读者有了许多的心灵感悟。女性在面对灾难和困苦时，那种韧性及超强的承受力在如此单薄的肩膀上显得格外伟大。其次，孩子们长大后，尤四婆又为他们张罗成家之事。尤四婆爬遍了整个耙耧山脉为大妞、二妞、三扭找婆家，其间的辛酸、受人冷落便可想而知。甚至为了满足三妞嫁个正常人的苛刻要求，不惜让别人拉走满满一车活命的粮食。这才是赎罪，而不是报应。尤四婆可以选择再嫁人，找一个男人一起过日子，为什么要被这四个痴傻儿女拖累一辈子，连孩子的亲爹也能狠心扔下孩子不管，她做娘的却做不到。供养已经很不容易了，赎罪到了第二阶段对于尤四婆而言，也足够了。但当她听到二女婿忽然跑来说有一个偏方能治二妞的病时，尤四婆走上了赎罪的第三个阶段，给孩子们治好病。但这次赎罪却让尤四婆付出了生命的代价，只是因为治病的药方中需要亲人的骨头为药引。挖出丈夫尤石头，当可怜的几根残存的骨头真的治好了二妞的病的那时起，尤四婆就做出了决定，要献出自己的骨头来治愈孩子的病，只为让她的孩子活得有尊严。

中国乡土小说中经常为我们塑造的都是一些受苦难而不知反抗的妇女形象，以及她们在父权、夫权、族权的压迫下的屈辱灵魂，连鲁迅笔下的祥林嫂也仅仅是用“捐门槛”的办法不让自己死后在阴间被两个男人撕扯而已，没有罪感，让读者除了哀其不幸之外，没有来自心灵上的震颤或来自灵魂深处的共鸣。在人类学看来，罪都是由动机和目的组成，阎连科的《耙耧天歌》是让读者最感动的一部作品之一，可以说它是一部糅合了西方的罪感文化、中国的传统思想、人性的至高准则的作品。尤四婆已经超越了田小娥、祥林嫂等诸多女性，让我们有了更多的尊敬，让读者具有崇高的审美动机。许多女性仅仅是具有悲剧命运而已，但自身并没有悲剧精神，尤四婆却非如此，赎罪的历程无不是悲剧精神的彰显，也是中国女性有尊严地活着的代表。阎连科摒弃了悲剧故事的重复，而将悲剧精神与罪感文化结合在一起，为中国女性自我求索之路奠定了基础。在这里，痴呆病迅速成为罪与原罪的疾病隐喻，动机和目的惊人一致：养大、嫁娶、治病。

阎连科从事文学创作 40 多年，关注底层书写，也同时再现社会现实。阎连科本身疾病的存在，使得他能更深刻地“体验情绪变化的微妙和心灵世界的奇异，才能使读者更深刻地感受健康的意义和生活的复杂，人类的生命之河才增添了更多的色彩和波澜”[①]。在阎连科的小说中，有大量疾病的书写。加拿大文学批评家弗莱在《文学与治疗》一文中指出，不应当忽视文学和艺术所具有的助人康复的巨大力量，并通过大量事实指出了文学的疗效。艾滋病是一种危害性极大的传染病，它攻击人类的淋巴细胞，造成免疫力不可挽回的损失。艾滋病大概起源于 20 世纪 50 年代的南非，是人类的头号杀手之一，也是目前为止最为棘手的一种疾病。中国疾病预防控制中心 2018 年 11 月 30 日发布的数据显示，中国大概每万人中有 6 人感染艾滋病病毒。在中国河南省，有一个著名的村庄叫文楼村。这里 90% 都是艾滋病携带者。阎连科的小说《丁庄梦》便是以此为背景。小说通过一个 12 岁的男孩的眼睛，看到了丁庄人那臭名昭著的“血浆经济”。在中国的农村社会中，似乎房子一直是父母心中的痛，但是父母又没有更多的额外收入来给孩子们修一栋房子，所以很多人就靠出卖血来赚取收入。而地下采血似乎比市面上的输血更加贵，所以他们往往到一种卫生条件极不合格的地下采血站去卖血，感染艾滋病毒也就不可避免了。丁庄人也许靠卖血修到了房子，但是最终却是“昔人已乘黄鹤去，此地空余黄鹤楼”。“这不足两年里，丁庄每月都要死人。差不多家家都死人。一连死了四十几个人，庄头的坟，如卧在田野上密匝匝的麦捆儿……和树叶飘落一样死掉了，灯灭一样不在世上了。”[②]这种人去楼空的社会现实凸显着艾滋病的社会隐喻，这是一种在“血浆经济”背后残酷的社会现实，也是人们落后观念的必然所为。艾滋是一种非理性背后所承担的社会价值，文化意义的颠覆。“实际上，患上艾滋就意味着人的社会身份被暴露。艾滋病人实际上是

① 林中路：《疾病与文学艺术》，《社会科学辑刊》1996 年第 1 期。

② 阎连科：《丁庄梦》，上海文艺出版社，2006，第 9 页。

某个社会的风险群体即被社会遗弃者群体中的一分子。”[①]在丁庄人的眼中，艾滋似乎是一个个体的一种毫无价值的生活形式的表现，是一种人必需的生活经历。作品中的主人公丁辉靠卖庄人的血发了财，甚至拿着弟弟丁亮的血液去卖。这里我们似乎看到了鲁迅小说《狂人日记》中的影子，似乎看到亲人家人也要吸自己的血，也要吃自己的肉。艾滋在这里的隐喻便是一种疯狂的物欲的呈现。丁辉靠卖丁庄人的血发了财，后来人死得太多了，他又要靠卖棺材发财。为了钱，为了物质，把人性、伦理、道德都搁置了。作品中代表理性力量的爷爷，最终结束了丁辉的性命，使我们看到了希望的亮色，从而也削弱了整个作品的阴暗色彩。

阎连科曾说：“我认为在这部小说中，自己更多的不是写人体的艾滋病，而是人心中的艾滋病。”[②]阎连科透过《丁庄梦》中的矮子，试图表达我们社会中某种病态的一种隐喻，是一种在现代社会中极度追求物质而导致道德败坏的一种社会现实的隐喻，当然，过度地追求物质，最终会导致自我毁灭，这是我们这个社会的一种病象。小说的最后写道，爷爷看到女娲创造了一个崭新的世界，在自己面前蹦蹦跳跳，这种隐喻预示着一种新的希望，毕竟还在远方。在中国当代文坛，写艾滋病的作品日益增多，如阎连科的《丁庄梦》、刘羽权的《血罂粟》、徐朝君的《艾滋病之案》、宋江鹏的《艾滋弃儿》、温燕霞的《夜来香》、何敏丽的《艾滋病人》、朱力亚的《艾滋女生日记》等。中国作家对艾滋病的持续关注表现了作家对“牵挂未来”主题的忧虑和书写，将民族生存、文明社会、生存世界、自身生存连为一体。

除此之外，癌症也是阎连科小说的重要叙事意象。癌症通常被理解为“激情时的疾病，而且是内在的。根据癌症的有关神话的说法，癌症通常是由于人们长时间的压制自己的情感所致的”[③]，癌症患者通常处于人生的“边缘情境”中。我们也常常听到患者发出“为什么是我”的绝望呼喊。宋代的《圣济总录》也指出：“瘤之为义，留滞不去也。气血流行不失其常，则形体和平，

① 〔美〕苏珊·桑塔格：《疾病的隐喻》，程巍译，上海译文出版社，2014，第112～113页。
② 李冰、阎连科：《有三种人不适合看〈丁庄梦〉》，中国网，2006年1月23日。
③ 〔美〕苏珊·桑塔格：《疾病的隐喻》，程巍译，上海译文出版社，2014，第21～22页。

无或余赘。及郁结壅塞，则乘虚投隙，瘤所以生。”① 按此道理，那种心理受挫、感到压抑而不能发泄的人，最容易得癌症。全世界每 6 秒钟就会有一名癌症患者失去生命。阎连科的《日光流年》描写的就是三姓村人和一种叫“喉堵症”的绝症抗争的故事。而这里的“喉堵症”恰恰就是食道癌。三姓村的人活不过 40 岁。为了打破这个魔咒，司马笑笑、蓝百岁、司马蓝等带领着一代又一代的三姓村人与这个绝症进行了殊死的斗争。无论是多生孩子或改种油菜，抑或是司马蓝带领全村修 60 公里长的灵隐渠，都无法改变三姓村人活不到 40 岁的命运。而司马蓝恰恰就是在 40 岁生日那天死于喉堵症，而他修的灵隐渠，引来的却是污水。很显然，喉堵症在这儿是有寓意的。三姓村在这里是一个社会的缩影。三姓村人的疾病和他们的痛苦生活，隐喻着这个社会的消极一面。司马蓝修渠引来的污水，恰恰就是这种阴暗面的再现。为了筹钱治病，三姓村的女人卖淫，男人去卖大腿上的皮。阎连科小说中的一段残酷的割皮描写表现了三姓村人对于癌症的不可抑制的恐惧和无可奈何的悲壮。想要活过 40 岁的终极目标压制着三姓村人的生存欲望，死亡气息弥漫在三姓村的空中，癌症不可医治的消息弥漫在三姓村人适者生存的法则之上。作为疾病共同体的三姓村人的喉堵症不但预示着三姓村人的苦难，也预示着三姓村里面的人在争夺权力中的不诚实和欺诈。女人和男人肉体上所受的伤害，成了三姓村人挥之不去的疼痛，也是阎连科对待社会和人生的悲观的观点。文学作品不是对发生过的事件的忠实记录，而是对现实生活的一种艺术性的反映和阐释。简而言之，人类学化后的医学是优先关注病痛（sickness）——病人自身认为不想要的状况——的一种理论与实践，它相信，无论是专业人员还是大众，其对病痛的看法都有社会文化根源；它充分认识到病痛的起源既有社会文化原因，也有生理和环境原因；它承认社会文化因素会影响到诊治过程，并充分考虑治疗应放置到社会情境当中；它还同时关注到治疗者和病人双方的福祉。它在医学教育和医学实践、研究以及体制安排等核心问题

① （宋）赵佶编《圣济总录》，人民卫生出版社，1962，第 458 页。

上都把社会文化视角与生物学视角结合在一起。[①]因而文学中的流行病具有隐喻性，疾病在文学中也带有一种隐喻色彩，对疾病的描绘传达着作家对疾病的特殊认识和理解，在一定程度上折射出特定时代的情绪，体现出作家的人文关怀精神。

---

① 方静文:《体验与存在——一个村落长期慢性病人的病痛叙述》,《广西民族大学学报(哲学社会科学版)》2011 年第 4 期。

纠结与对抗

——余华小说的“炸裂”

余华小说是中国当代文学新时期以来的重要创作类型之一，在文学的对话性与认同性上起到诸多示范作用。从血色、人性、鬼等“炸裂”性问题上，我们可以来论述余华作品在纠结与对抗中所呈现的诸多人类学意识。

余华是中国当代作家中不容忽视的创作才子，在20世纪80年代思潮迭起的创作热流中，以其先锋文学的贵族意识打入中国文学的“子宫”中，为读者营造了一幕幕既荒诞可笑又令人心碎的特殊意境，其作品在冷酷与温情、自我与他我、消解与建构、现代与后现代之间游走，将作者本人意识中的纠结与对抗完美呈现。《现实一种》《活着》《许三观卖血记》《古典爱情》《在细雨中呼喊》《鲜血梅花》《世事如烟》《十八岁出门远行》《兄弟》《第七天》等作品往往在血、恋污、人性、鬼等意象中呈现出“炸裂”现象。“炸裂”，现代汉语解释为网络用词，是一个感叹词，表示程度很深，很厉害，是源自日语的用法。在这里，笔者用“炸裂”来表述余华小说中诸多的意象用法，试图论述在充满焦虑和不确定的现实世界中，个人主义与社会权利的紧张感如何穿行，复杂的人性众相又如何凸显。

一 “血色帝国”中的人类学背影

根据弗雷泽的人类学观点，血是在于丰饶仪式中渎神行为。血的离去也意味着神的远去。余华在20世纪80年代中后期践行先锋主义，通过文学的叙事撼动中国当代主流意识形态的高楼大厦，有着靠近个体兼养私人经验的思想企图。承载私人经验与公共意图的载体是血，这是余华刻在“冰碴子”里的东西。血的意象在中国文学中屡试不爽，无论是“歃血为盟”的《三国演义》抑或是“血溅三尺白练”的《窦娥冤》，血都融在中国人日常行为中。在余华的小说世界中，“血”就是主要的“意象母题”，反复出现，跳动不已。但这种血意象的频繁出现，却是神意象的逐渐远去。哲学家海德格尔对意象有过论述：“本真的意象使不可见者被看到并因此想象这不可见者存在于对它来说是陌生的某种东西，这种陌生化的东西往往凌驾于熟悉的事物之上，造成‘熟悉的陌生人’。”[①] 在余华的小说中，叙事意象“血”是不断叠加出现的，“我闻到了一股漏出来的汽油味，那气味像是我身内流出的血液的气味”（《十八岁出门远行》），“胸膛上出现了无数歪曲交叉的血流，有几道流到了头发上，顺着发丝爬行而下，然后滴在水泥地上，像溅开来的火星”（《一九八六年》），“柳生仔细洗去血迹，被利刀捅过的创口皮肉旧翻，里面依然通红，恰似是一朵盛开的桃花”（《古典爱情》），余华的诸多小说皆是血色铺满，冷酷到底。在其营造的“血色帝国”中，余华是刻意为之，是把玩且兴趣不减，在每股血的背面似乎都流淌着“暴力”的身影，十八岁的孩子被打（《十八岁出门远行》），兄弟之间互相杀戮（《现实一种》）等，成就暴力的鲜血，成了余华小说美学的特性。稀释细节，支配叙事，作者近乎“零度叙事”的冷漠态度使得读者感受到现实的苍凉。余华将“冰碴子”注入读者心脏，使人感受到了灵魂的战栗。尼尔·弗格森在其著名的作品《西方的衰落》中指出，“现代性的特质是世俗化了圣经信仰，彼岸的圣经信仰已经从根本上此岸化了”。[②] 人们不

---

① 《海德格尔文集》，孙周兴等译，商务印书馆，2018，第134页。

② 〔英〕尼尔·弗格森：《西方的衰落》，张兰平译，陕西师范大学出版社，2008，第234页。

再向往天国的生活，而将现实予以消解与尘世化。后来，斯宾格勒改变了一以贯之的道德气候。此后，无论是卢梭的自然人抑或是霍布斯的自然人，同样缺乏社会性，缺乏理性，人的自然性成为一种符号，成为炫耀的资本，成为克服实然与应然之间鸿沟的方式。现代性的旨归走向世俗化，走向非理性，也走向冷漠。这种现代性的背影自然也必将投射到以“先锋作家”著称的余华身上。

在《现实一种》中，山峰与山岗兄弟间互相猜疑，血腥报复，先后毁灭，将温情脉脉的家庭伦理放置在十分可笑的境地。这篇小说记录了余华“曾有过的疯狂，暴力和血腥在字里行间如波涛般涌动着，这是从噩梦出发抵达梦魇的叙述”[①]，也是对家和万事兴的解构。那种祥和的彼岸的圣经已经被此岸的冷酷消解了。《十八岁出门远行》中一个急切地想进入成人世界的孩子在一个晴朗的午后被父亲送出家门，孩子背包的红色喻示着孩子兴奋的心情，但随之遭遇欺骗，被打，成人世界的一记响亮耳光送给了这个十八岁孩子一份血腥的成人礼，也宣告了成人世界不是好玩的，不是梦幻的，不是粉红色的，更没有“你是风，我是沙，缠缠绵绵到永远”的美丽憧憬。“成人世界”是鲜红的，是残酷的，这个孩子之前所幻想的“成人世界”的美好彼岸通过远行已经变成滴血的圣经，吟诵在此岸的俗世中。《古典爱情》中，才子佳人的爱情，传奇里卿卿我我的故事被现代性涂抹得伤痕累累！古典爱情的圣经般的美丽也被俗世消解，建构着非目的的堕落颓废的社会本相。

小说《鲜血梅花》沿袭了武侠作品“替父报仇”的小说主题，血色似乎即将弥漫江湖，然而替阮进武报仇的儿子阮海阔不但手无缚鸡之力，毫无武功，并且在行走江湖中已渐忘了“替父报仇”的初衷，爱上了江湖，当无意中听说杀父仇人被人杀了，非但没有表现出欢欣，反而还略有伤感。本应天下无敌的梅花剑一出鞘，血光四射的血色江湖被“冤冤相报何时了”的人生本相予以消解，彼岸的杀伐换成此岸的诗意，余华异想天开的叙述实质是想象的催眠，借古喻今的嘲讽无异于“醉里挑灯看剑”。现代性的荒诞感弥漫在余华小说的

① 姜飞：《感性的归途——阅读20世纪中国文学经典》，四川人民出版社，2003，第346页。

诸多作品中，“血色”的弥漫则是无数的现实伤情。也正因为如此，当我们用人类学的视角分析余华为我们营造的“血色帝国”时发现：余华前期的小说过度渲染暴力，铺陈血腥，是对现实社会的极度不信任，也将社会制度、人性撕裂放置在尴尬的境地，其深层意识中是对神性的亵渎。我们的社会血腥与暴力是少数现象，人类社会更多的是向善，是温暖的，也是美好的。

二　恶之“炸裂”与现代性反刍

余华的作品往往在冷到“冰碴子”的外表下隐藏着人性之恶且呈“炸裂”式的生长。在小说《现实一种》中，山峰与山岗兄弟相残，山岗的儿子不慎摔死了山峰的儿子，山峰复仇，踢死了山岗的儿子，山岗算计后除掉了山峰，随后被捕枪毙。读罢，令人大跌眼镜，亲兄弟本应和睦相处，然而，《现实一种》却超越了日常伦理，凸显出人性之恶。鲁迅 1925 年曾作小说《弟兄》，同样解构了家庭其乐融融的伦理情感。在《弟兄》中，靖甫染病，沛君着急，看似兄弟情深，哪知沛君之急却藏私心。《诗经・小雅・常棣》中有“鹡鸰在原，兄弟急难”，意即遭逢大难，急兄弟之所急，鼎力扶持，共渡难关。余华的《现实一种》延续了鲁迅的《弟兄》的冰冷，将同胞之情予以消解，折射出寒冷的光芒，也对应着我们这个社会上诸如为争遗产，兄弟反目，甚至相残、相杀等某些家庭人伦悲剧。这种现象在我们的社会中也偶然会见诸报端，值得反思。

小说《活着》中徐福贵的儿子有庆赤脚跑去给县长太太献血，居然被抽干血液而死，这种无理、令人发指的恶行彻底暴露了为官者的私欲和草菅人命，然而这还不够，当事人竟对徐福贵说“你怎么不多生几个”（《活着》），意思是多生几个就能抽更多的血，非但没有对有庆的死表示哀痛，反而说出如此毫无人性的话语，人性的良心之恶，无以复加。徐福贵这一生，最大的遗憾是儿子有庆死时连鞋都没得穿，穷得彻骨让徐福贵不仅品尝到人世的辛酸，也感悟到年轻时又嫖又赌带来的因果报应，所以在福贵的眼中，“月光照在路上，像是撒满了盐”（《活着》），而不是撒满了“糖”。余华的这一幕叙事隐喻了现实中的某些官员欺压良善、漠视苍生的恶性。人性的天平不断倾斜，人性的大厦蝼蚁丛生，如何在恶中开出善花恰恰是余华作品急切想表达的意愿。最终在《活着》的结尾处，一个叫福贵的老人牵着一头叫“福贵”的牛，在夕阳西下中，行走在乡间小路上，诗意的呈现无疑就将恶之人性化解，从暴力血腥走向人理温情，呈现人性之恶的纠结完全消解在温情的家庭救赎的对抗中。

《古典爱情》中，“吃人”之恶被主体化凸显，鲁迅在《狂人日记》中借狂人之口抒发对中国几千年历史本质的揭露和颠覆，“我翻开历史一查，这历史没有年代，歪歪斜斜的每页上都写着‘仁义道德’几个字。我横竖睡不着，仔细看了半夜，才从字缝里看出字来，满本上都写着两个字是‘吃人’”（《狂人日记》），好一个“吃人”，两个字，概括了封建伦理道德的“假仁义，真吃人”的本质，无论是肉体意义上的“吃人”，还是精神上的“吃人”（如鲁迅《祝福》中的祥林嫂就是被吃者，一种精神上的幽灵环绕祥林嫂左右），都在表述“人性之恶”。人性的善恶一直以来是中国文学探讨的主题性话语，恶的外延在不断扩散，涉及人类的灵魂世界，文学往往是个体的“心声”与“内曜”，在不断沿袭性格裂变中直指个体内心。余华作品中“人性之恶”的集中展示，凸显鲁迅“凡事总需研究，才会明白”的考据精神，以此烛照现实社会的现代性阴影，炸裂式的集中表演，体现出余华对人灵魂世界秘密的探索。

三　余华小说中的鬼异乡间

鬼的意象在中国人的观念中总是饱满而又不停变幻的，是一个阴森、令人恐惧而又说不尽的民间意识词语。但无论将它演绎出多少意义，它归属冥界是必然的。袁枚在其《子不语》中写道：“怪、力、乱、神，子所不语也。然龙血、鬼车，《系词》语之。玄鸟生商，牛羊饲稷，《雅》《颂》语之。左丘明亲受业于圣人，而内外《传》语此四者尤详。厥何故欤？盖圣人教人，文、行、忠、信而已；此外则‘未知生，焉知死’‘敬鬼神而远之’，所以立人道之极也。《周易》取象幽渺，诗人自记详端，《左氏》恢奇多闻，垂为文章，所以穷天地之变也。其理皆并行而不悖。”①袁枚此番谈鬼说神，充满了雅趣，鬼在这种轻松的语境中毕竟还是少见的。在民间，当人们提到鬼，总是让听者色变，内心乍起波澜。鬼的形象在人们的心里驻扎，形成一种心理积淀。从《搜神记》至《聊斋志异》，从《“踢鬼”的故事》至《新白娘子传奇》，这些作品中有大量的鬼的描述。有些作品虽未写鬼，却是鬼气缠身，神秘莫测：苏童《我的帝王生涯》晃动着一个无所不知的“疯子”；余华《在细雨中呼喊》中开篇就出现了一个神秘的黑衣人；吕新《黑手高悬》里“鬼”火闪烁；北村《施洗的河》是“鬼”“神”结伴同行。这些作品中描写到的氛围，一旦现实中的人身处此情此景，如墓地、黑夜、阁楼等，便会产生惊悚的感觉，考验着人们的心理承受能力。几千年来，“鬼”已经成为中国人民俗中挥之不去的一个意象。

在中国新时期小说中，也有许多作家将自己描写的领域投射到“鬼”这样一个冥界意象中。贾平凹由于小时生长于乡野，触目所见之河流、林木与田野无不充满灵异，在民间又听到无数农夫村妇以及说书人所描述的灵怪故事，他便对鬼充满了饱满的描述热情，而对《聊斋》的阅读与迷恋，使他的作品充满神秘的味道，他的作品《太白山记》《白朗》《吃烟》中充满鬼的意象，可能贾平凹被誉为“鬼才”，除恭维其文笔的诡异外，对鬼这一意象的特意书写也是一个原因吧。同样，作家格非、余华、孙甘露、残雪等也将作品内容触碰到阴间与鬼这样的题材上。只是与贾平凹相比，他们并没有大肆描写中国志怪文学津津乐道的鬼故事，而是阐释一种现代的感觉，是一种表述现代存在的主题意识与思维的向度而已，然而至少在表面上，他们的确在写鬼与阴间，至少也在营造这种怪杀的氛围。格非在其长篇小说《敌人》中写道：“这些天，柳柳总感到有一种不祥的影子紧紧跟随着她，在被啼鸟唤醒的黎明的睡梦中，在窗后枣树的枝条拂动的阴影里……她似乎看见那些早已死去了的人依然隐伏在它们的阴影之中，在月黑风高的夜晚悄悄爬过窗台，走进她的卧室，坐

① 王英志主编《袁枚全集》第 4 集《子不语》，江苏古籍出版社，1993，“序”第 1 页。

在她的床前守枕待旦……那个人影在水中露出褐色的笑容，那张所熟悉的脸像水草一般飘拂着。”[①] 这段描写一定会让读者感到恐惧，也一定会让读者想到鬼这个童年经验中的恐怖意象，虽然这段描写通篇未提“鬼”字，但却鬼气冲天。同样，在其作品《青黄》中，一个叫李贵的人在雨夜悄然而去，无声无息，而随后一口棺材从水上漂来，打开时，竟无尸骨。这种描述让读者充满好奇，但又感觉鬼气缠身。而被称为“巫女”的作家残雪在她的作品中更是展现了一个怪异阴森的世界及日常生活中怪异的现象，不仅充满了裸体、孔穴等具有窥视性的意象，还充满了敌意与仇视，将一个游移于阴阳的诡异世界展现给了读者。

在中国新时期小说中，作家们对冥界描述的投射虽然出于各种原因，在先锋尝试中也屡试不爽，但无论是刻意还是仅仅是炫技，都至少在表面上为我们营造了阴间与鬼的意象和氛围。中国文化博大精深，为五千年文化浸润的中华大地出现何种文化现象都是不足为奇的。我们每天都生活在这片饱经风霜的大地之上，每天都面对着一个清明的世界，“我们把清明世界看成是一个唯一的世界，并在这个世界里认真地去寻找一切的因果关系，这从一开始就是一个错误”[②]。这个错误的根源在于，在这个清明世界的现实中，还有一个隐形世界，并且现实中的清明世界受到隐形世界的支配。在信仰的世界中，对神的顶礼膜拜便是隐形世界的再现。而鬼文化却在人们的意识中无处不在、无时不有，尤其是在广袤的乡土大地。“魑魅魍魉”四字处处与鬼相伴。鬼，又称鬼魂、亡魂、亡灵、幽灵、幽魂，被一些人认为是死亡后所留下的灵体，一种信息弥留的自然现象。在我国，“鬼”是一个泛指的概念，属于幽灵一类，对象不确定。鬼也许不存在，毕竟没有人能够证实，但也没有人能够证明鬼存在。正是这种飘忽不定的意象构成了生存于民间的人们闻鬼色变的一种独特心理现象。《搜神记》中的故事，神话不多，“鬼话连篇”；《聊斋志异》更多的是人鬼相恋；袁枚的《子不语》数十万字，说神的少，说鬼的多；甚至近代

① 格非：《敌人》，中国社会科学出版社，2001，第 78 页。

② 曹文轩：《20 世纪末中国文学现象研究》，北京大学出版社，2002，第 114 页。

翻译小说家林纾的小说中十有八九也是鬼，因此鬼的意识在无数中国人的脑海里已经根深蒂固。

余华在中国当代文学领域常常是以先锋小说家的姿态活跃在文坛上的，但在其小说《世事如烟》与《古典爱情》中，对“鬼”这一中国古老意象的书写却带有明显的寻根意象，因此作为先锋与寻根合二为一的作家，余华的隐形世界阴风飒飒、寒气逼人，满是白骨与黑暗，使人惊吓、惧怕，如在深渊一样的梦魇中。在《世事如烟》中，余华为我们描述了阴森恐怖的两个早上钓鱼的鬼的形象，在诡异背景的映衬下，这篇小说弥散着一股阴森森的气息，蕴含着未知的宿命感，既灰暗，又诡异。在余华的中篇小说《古典爱情》中，赴京赶考的公子柳生遇绣楼伤春的小姐，他们在后花园一见钟情，私订终身。但短短数月，小姐家已成断井颓垣，柳生迫于无奈，一刀结束了小姐的性命。多年后，柳生穷困潦倒，打算为小姐守坟了却余生，竟又与小姐有了一段聊斋式的人鬼阴阳恋，并且小姐还要还阳，只是因柳生泄露天机而无法实现。这种类似《倩女幽魂》式的人鬼相恋情节无疑再次印证了一条人鬼恋情线索，即“单身书生＋异类女子→结合→分离”。无论是《世事如烟》中钓鱼的鬼，还是《古典爱情》中的人鬼相恋，都蕴含着余华对命运的理解。这种飘忽不定的鬼的意象，其实也是对人生无常的映射。这种神秘文化的言说背景更能衬托余华对于人生叵测的描述与理解，在人性关怀的背后无不隐藏着余华对现实世界的别样窥视，“理性的力量得到怀疑，不相信天国的力量”①。

综上，余华小说直击现实的胆识与不计后果的陈述，抹去了某些作家在作品中所涂抹的“文化口红”，也打碎了“乌托邦”的愿景。余华小说是压抑的，但是这种压抑后的“炸裂”，是一种现代性意义的爆发。余华作品与社会是对立的，但是这种对抗的张力却在无形中撕碎了社会表层的温柔，凸显出底层关怀的焦虑，是对抗也是纠结，是伪装也是怀揣。余华许多作品都在采用全知视角的方式，无论是《现实一种》，还是《在细雨中呼喊》等，这些都是

① 〔美〕列奥·施特劳斯：《自然权利与历史（第3版）》，彭刚译，生活·读书·新知三联书店，2016，第254页。

内心经验的植入、延伸与放大，显得真切，余华的“写作”与“内心”，往往诠释着这个世界的真实面。余华小说集中炸裂式的血色、恋污、人性、鬼的描述给了我们许多想象的空间。通读余华的多部作品发现，无论如何，“皇帝的新装”是穿不上了，因为余华已经剪碎了。余华掷地有声的呼喊，无论是狂潮，抑或细雨、呼喊，都显得形而上，沉默显然不是这个时代的标记。虽然余华作品有诸多问题，但至少在这个多元化的时代，他的呼喊与写作让我们直面了更多的现实。

文学人类学视域下的贾平凹研究

对于贾平凹的研究，多以其作品为载体，或探讨其中的人物命运，或倡导终极关怀，或从生态学角度分析作品内容，这些形成了贾平凹研究的热潮。然而，近年来逐渐升起的文学人类学热，也为我们开展贾平凹研究提供了新的研究范式。自新时期以来，文学人类学从一种新的研究态势与角度出发为文学研究提供了更为广阔的研究空间与更为丰富的理论实践。无论是方克强首开的文学人类学理论方法的引导、彭兆荣的有关文学与仪式的文化视野发生学原理的追问，还是叶舒宪的“原型批评”与“四重证据法”的研究，都形成了“山雨欲来风满楼”的文学研究范式转换的迫切形势。依托爱德华·泰勒的“万物有灵论”和荣格的“意识论”，文学人类学的理论基础逐渐夯实。此后，国外剑桥神话仪式学派的原型批评、德国伯明翰学派与法兰克福学派的文化研究以及加拿大学者弗莱的《伟大的代码》《批评的解剖》、美国学者詹姆斯·克利伍德的《写文化》、美国学者马尔库塞的《作为文化批评的人类学》等著作的出版为文学人类学的大兴无疑起到推动作用，这些研究在“文化他者”与“人类学想象”之间建立起一条隐秘的通道，在元话语的运用上也做出了重要贡献。在国内，乐黛云、叶舒宪、孙绍先、彭兆荣等都在这种范式转换中践行着批评实践的整合与阐释，这种新的研究范式必将为人们提供一种新的研究视角，从而对大家早已熟知的作家群落重新定位。在中国当代文学中，一些作品其实早已具有人类学的底蕴，如莫言、阿来、刘震云、韩少功、余华、贾平凹等作家的作品便具有许多人类学的元素。在这里，我们以贾平凹为个案，探寻贾平凹作品中的人类学特征。

提到贾平凹就不得不说到商州这块区域，因为这片乡土是贾平凹“扎根·拔根·寻根”的地方。陕西按地理区域被划分为陕北、陕南、关中三地，商州位于陕西的东南部，是古代的商洛地区，地理位置相当重要，人文气息浓厚。贾平凹是商州人，对这片土地魅力的关注，也符合他念兹在兹的成长经历。贾平凹的作品是反映商州风土人情的，对商周文化的描写尽收笔底。因为贾平凹对商州文化持续关注，所以从这个角度上又可以将他划入寻根作家的文化圈中。贾平凹小说中的民间文化是丰富多彩的，其表现的民间习俗也是多重的。

一　婚俗与性文化

中国是一个传统的在宗法制笼罩下的农耕社会，由血缘关系连接的人际纽带显得紧密而又顽固，在民间社会中，重视血缘关系的一个重要的方面便是对婚姻的期冀与看重。贾平凹的作品中对婚俗的展示是较多的。婚俗是一种人生的“通过仪式”（the rites of passage），是人生命的必然旅程。“仪式不啻为人类学研究提供了一个观察和体验社会历史生活的不可多得的实践场域”[①]，为了完成这种仪式，必然要寻求一定的场域，地理、时空、族群等限制性因素必然影响这种仪式的外部形态。经济便是其中最重要的影响因素之一，恩格斯在《家庭、私有制和国家的起源》中也说道：“当父权制和专偶制随着私有财产的分量超过共同财产以及随着对继承权的关系而占了统治地位的时候，结婚便更加依经济上的考虑为转移了。”[②] 买卖婚姻是乡土社会的习俗，在许多经济状况较差的地区，这种形式的婚姻一直存在。在陕西商洛地区，女孩往往充当买卖婚的牺牲品，在许多商州人看来，女孩就是赔钱的货，

① 彭兆荣：《文学与仪式：文学人类学的一个文化视野——酒神及其祭祀仪式的发生学原理》，北京大学出版社，2004，第 2 页。

② 《马克思恩格斯选集》第 4 卷，人民出版社，2012，第 90 页。

唯一的用途便是在其结婚时充当摇钱树。在《商州初录》中，驼背老王向光头要1200元的彩礼，才能将女儿出嫁，结果光头拿不出这么多钱，老汉家的女儿便偷自己父亲的钱来成全自己的婚姻。童养婚也是一种婚姻陋俗，早在《三国志》中就有童养媳的记载，在贾平凹笔下的商州地区，被抱养或买卖的都是贫穷或乞讨者的子女，一旦到了成婚年龄，再举行婚礼。《黑氏》这篇小说中的黑氏便是小丈夫家的童养媳，伺候公婆、砍柴、喂猪等家务事无所不干。这种童养媳的婚姻形式对女性身体和精神的伤害是显然的，但是在商州地区，这种形式的婚姻还是顽固地存在着。

在中国现代文学史上，许多乡土作家为我们再现了“冥婚”（王鲁彦《菊英的出嫁》）、“荒婚”（台静农《烛焰》）、“典妻”（柔石《为奴隶的母亲》）等婚姻陋俗，乡土世界的内容是如此丰富，因此婚姻的形式也多种多样。贾平凹的《天狗》为我们展现了“招养婚”的形式，这种婚姻实际是重婚的变形。李正这个井把式瘫痪在床，妻子又无力供养家庭，为了家庭的延续，井把式只好让妻子招夫养夫，经历了极其痛苦的内心挣扎，最终还是以成全徒弟天狗和自己妻子结婚作为最终的了结。当然，类似于这种形式的婚姻还有“招赘”（或叫“上门女婿”），这种形式对女子而言也算是某种意义上的男女平等。《龙卷风》中的钱一仁感觉自己已无力回城，便去“老军需”家当了“上门女婿”。在农村，“入赘”是一种无奈的表现，多少带有男方家庭的些许悲凉与无奈。

当然，乡土地区的婚俗绝不是以上这些形式就能涵盖的，贾平凹的小说还为我们表述了诸如“掠夺婚”“私奔婚”“指腹婚”“试验婚”“转房婚”“亲亲婚”等多种婚姻形式。这些婚姻形式形成的人类学原因从地理角度看是陕西商洛山区闭塞、林高坡陡、交通不便；从时空因素理解则又是空间区域广大，历史延续时间较长，已形成较为固定的时空阈限；从群落的角度考察则是商州在地理、时空等限制条件下形成了相对封闭的居住群落，这种族群形式往往表现为安土重迁却又盲目自大，乐天知命却又排斥外族，这些人类学的因素必然导致自我繁衍的封闭性发展，出现如此多的婚姻形式也就不足为怪了，并且由此会影响到他们的性观念。

人类学认为，“人们的性观念和性行为模式主要取决于社会文化与社会环境的影响，后者在不断地发生变化，于是人们的性观念和性行为模式也在不断地发展变化，这是一个不以人的意志为转移的客观规律”[①]。按此论点，每一社会群体的性观念与性模式都对社会文化和环境有影响，而这种影响必然与地理区域、经济条件有联系。贾平凹的作品便为我们展现了两类性模式：一类在乡土，另一类在都市。在其作品中，商州仍然是山区闭塞、经济凋敝的，人们观念古朴又落后，对婚姻和性的看法仍然停留在“延续香火”“养儿防老”“娶来的媳妇、买来的马，任我骑来、任我打”，还停留在“门当户对”，甚至“处女情结”的窠臼中，因此才有如此多的婚姻形式和婚俗观念。马斯洛著名的需要层次理论：“人的需要中最基本、最强烈、最明显就是对生存的需求。人们需要食物、饮料、住所、性交、睡眠和氧气。一个缺少食物、自尊和爱的人会首先要求食物；只要这一需求还未得到满足，他就会无视或掩盖其他的需求。”[②]马斯洛的研究结果表明，当人的生存或者说是食物需求满足后，便有了其他的需求，其中“性”的需求无疑是排在首位的需要。商州区域，由于地广人稀、贫穷落后，温饱都成问题，商州又排斥外姓人，因此许多被压抑的性欲便通过非正常的渠道得到满足。贾平凹的《刘家三兄弟本事》中便提到了兄弟共妻的现象。商州的性观念总是在“开放”与“守成”的二律背反中前行，这是地里刨食的贫穷造就的开放与大胆、木讷与麻木并存的精神状态。这种性观念在种族繁衍中占据主导因素，附于经济凋敝造成的性恐慌，必然会演绎出诸多变异的性模式。

然而与乡土性无奈截然不同的是贾平凹都市题材作品所表现的性随机，这在贾平凹颇具争议的《废都》一书中有大量展现。庄之蝶是一个破碎的人物形象，在与牛月清、唐宛儿等女性的肉欲中腾挪翻腾，为了渲染这种欲望，贾平凹采用了“□”，后又在《秦腔》中改成“×”的形式，这种空位修辞的方式无疑增添了贾平凹小说的意淫成分，显然，在作品中，庄之蝶这样的西京

---

① 刘达临主编《中国当代性文化——中国两万例“性文明”调查报告》，上海三联书店，1992，第10页。

② 〔美〕马斯洛：《马斯洛人本哲学》，成明编译，九州出版社，2003，第52页。

城名人早已解决温饱，表现出“饱暖思淫欲”的性需求，从人类学的角度理解便是呈现出一种性景恋与性畸变的行为模式，这种类型的人物的性观念是以多妻占有、玩弄肉身、追求性刺激为模式，因而整体呈现出颓废、疲软、玩世的人生态度。“从《废都》开始，贾平凹在小说创作中，对性以及与性相关的私秘（密）现象的兴趣越来越强烈，叙写也越来越恣纵，几乎达到病态的程度。”[①]种种性现象，都在为我们展示都市社会欲望驱使下灵魂的无根感，也是从人类学的角度解释都市诗性的缺失、散文化的加重。

通过梳理贾平凹系列作品中的婚俗现象与性观念，可以看到商州的落后，商州人的狭隘、自私与蛮性，同样也体验到都市人人生无根的漂泊感。商州需要改变，商州不应是贾平凹描述中让我们倍感苍凉的“伤州”。

二　说唱文化

我们所生活的世界无处不受到人类学所涉及的理论与文化的影响，没有谁能生活在没有人类文化的区域或部落，而人最离不开的正是人类群体所形成的生活氛围与生存环境。依据法国学者泰纳提出的影响文学的三要素（时代、种族、环境）来窥探陕西独特的说唱文化，可以发现人类生存环境与群落的性格影响了这种艺术形式。

许多人类学家认为，人类唱歌的天赋与生俱来，早在原始社会，当人们捕获猎物，在冰天雪地中围坐在篝火旁时，首先便是“歌之”，此后才伴随着“舞之”“蹈之”。“歌之”成为人类祖先在那段没有文字的寂寞岁月中表述情感的有限形式之一。随着社会的发展，说唱形式也不断更新，但一个基本的事实是，人类说唱的环境很多时候自然便分成两类：日子舒心与度日如年。人类日子舒心，心情舒畅时会唱歌；与此相反，度日如年，心情不畅时也会唱歌。但吊诡的是，这种情形下产生的歌曲往往是欢快的，如此，在穷困的美国黑人区却产生了节奏强烈奔放的说唱音乐也就不足为奇了。中国严酷的

① 李建军：《时代及其文学的敌人》，中国工人出版社，2004，第 81 页。

西部环境使得生活在西部的人的日子是艰难的，然而西部人是爱唱歌的，西部放歌是一种情绪，也是一种抗天叹命的表达方式，靠天吃饭与黄土扑面的苍凉形式并没有让西部人感到压抑或悲摧，反而养成了西部人豪爽的性格，陕西人的群体性格中便具有豪爽、泼辣、坚忍、乐观的内在性格，在表现形式上便是说唱文化形式的多样，陕西高亢的信天游、秦腔便是这一说唱文化的典范。

贾平凹的作品通过对民间歌谣的使用，将陕西的地理、民俗、风情生动地再现了出来，正所谓“十里不同风，百里不同俗，千里不同情”，但是只要歌谣一唱，地理间的隔离感瞬间削弱。“信天游”便是这种吟唱文化的代表。在陕西，它叫“信天游”，又称“顺天游”“小曲子”，在山西被称为“山曲”，在内蒙古则被叫作“爬山调”。无论是陕北的“信天游”、山西的“山曲”，还是内蒙古的“爬山调”，其歌词都是以七字格二二三式为基本格式，表现手法则以比兴见长。中国当代著名诗人贺敬之《回延安》中的“树梢树枝树根根，亲山亲水有亲人”“羊羔羔吃奶眼望着妈，小米饭养活我长大”等诗句便具有典型的信天游特色。贾平凹的小说作品展示信天游的较少，但是具有信天游意味的民间小调倒是不少，如商州的“四六话”（说话以说四字或六字居多，如形容女子的美便会说“惊呆的驴，山里的麋”等），这种民间歌谣展现了商州人的生活、思想和审美情趣，这些“道旁的智慧”为展现商州的语言、民俗、地理、民情民意等打开了一个鲜活的公共空间，成为窥视商州乡土民间的一个窗口。在陕西，这些民间歌谣会以儿歌、山歌、民间小调等形式表现出来。不管是何种形式，内容无外乎时政歌、情歌、仪式歌、劳动歌等，当然，“情歌”是数量最多、内容最丰富的形式。贾平凹的作品对时政的揭示也是有的。在《高老庄》中，一个糊里糊涂的迷糊叔，嘴里经常说唱的便是一首近乎哲学呓语般的时政歌：“黑山呦那个白云湫，河水呦那个往西流，人无三代的呦富，清官的不到呦头……”在贾平凹的作品中，这样的说唱形式还有很多，秦腔无疑是最能体现陕西人耿直、豪爽、重情好义的艺术形式。贾平凹的作品《西北口》便这样写道，“正月里肉肉喝喝，二月里豆豆颗颗，三月里菜菜霍霍，四月里耐耐活活，五月里粽子油糕、六月里麦面麦草，七月里瓜瓜果果……”还写到商州的八大怪“面条像腰带，烙饼像锅盖，房子无砖无瓦土里埋，手巾帕帕头上戴，有辣子不吃菜，凳子上蹴起来，黄土窝里女子叫人爱，刺绣泥塑人人帅……”[①]这些都属于秦腔的内容。贾平凹的《秦腔》为他的故乡树起了丰碑，小说通过疯子引生的视野来观察清风街的三教九流及历史变迁。泰勒认为人类的风土民情实质上是人类文化的一种“遗留”，认为我们不应当忽视日常生活中的风俗习惯。贾平凹《秦腔》写得好的一个原因在于，小说的书名给读者的期待视野似乎是表现“秦腔”这一艺术形式，但小说的内容却是回到故乡的乡土变迁，给读者一种惊喜。贾平凹曾说，“故乡是以父母的存在而存在的，现在的故乡对于我越来越成为一种概念”[②]。秦腔在这里的人类学意义出现了，看似高亢的秦声、嘹亮的歌喉背后隐藏的却是对故土的热恋，对生活的反映无论是知足还是抗命都是一种记忆的形式，同时也有对于流逝的风土人情的打捞，尤其是对秦腔这种说唱艺术的挽留。如今，秦腔面对流行文化的挤压，其尴尬的处境在小说《秦腔》中有所呈现，夏中星率团演出时遭遇的冷清，秦剧团演员的青黄不接都反映了这一古老说唱形式在当下面临的挑战。

贾平凹是一个“往土里钻”的人，也是一个勤奋的作家，大量的田野调查、民间采集，与说唱艺人的频繁接触造就了贾平凹作品的可读性，无论是《商州》系列作品，抑或是《废都》《高老庄》《秦腔》等作品，都呈现不同的审美品格。其实对一部小说最基本的一个要求便是好看，来自民间又回到民间的贾平凹正是有了这些民间资料的储备，伴之以朴实的书写态度、勤奋的言说历程，最终成就了其魅力。正如陕西商洛学院文化研究所所长部科祥所说：“贾平凹自然是商洛作家的领头雁，他以崭新的创作思想以及勇敢的斗士姿态为其他商洛文友树立着榜样。贾平凹的创作观念用四个字可以概括，即突破、善变，亦即对自己的永不满足和不断地寻求他山之玉。这一点，是贾平凹始终成为文坛上常青树的法宝，也正是商洛作家群中的很多作家的欠缺

① 陈少禹：《试论民歌与新时期小说创作》，《小说评论》1987 年第 6 期。

② 贾平凹：《秦腔》，作家出版社，2008，第 517 页。

之处。”①

三　禅宗：贾平凹作品的精神向度

人生命的变化与自然的四季枯荣一样，都在上演“过场剧”，随着死亡的日益临近，肉身也变得“越来越坏”，物质显然已经无法拯救这变坏的生命迹象，在文学人类学看来，对这种生命景观的描绘和对生命循环强烈的潜意识乞求，揭示了人类文化的另一种“实在”——精神实在。无疑，禅宗很好地解决了人类的这种迫切的精神需求，成为一种精神实在。

贾平凹是一个读书博杂、悟性很高的作家。在诸多书籍中，他对中国老庄思想的继承是很深的，那种禅宗之意、虚境之美在贾平凹的作品，尤其是散文中是大有传承的，他也受到苏东坡豪放坦荡、佛系自然人生态度的影响。这些因素最终形成了贾平凹那种虚静、禅性的对社会、对人生、对环境的处事态度。他把自己的名字由贾平娃改成贾平凹，这“凹”不就是低调做人、不争世事的表现吗?《小说评论》主编李星说：“在平凹的人生情致、艺术韵致的背后是他独特的思维方式，是他对社会人生、宇宙外物的感应，感应源是佛意易理。”②这种哲学思想左右着贾平凹的文学创作，并且在庄禅、佛易中完成自我救赎。

从某种角度上说，历史是一种文化，反之亦然。若从民俗学的角度看，禅宗是一种民间信仰，民俗学家仲富兰说：“早期人类文化中的许多现象，从宗教学的角度看是宗教现象；从民俗文化学的角度来分析，则又是民俗现象。”③就禅宗而言，这是从宗教与中国传统文化的交融中产生的意识形态，在中国漫长的文化史中，不仅是僧人悟禅参道，而且文人也对此兴味颇浓。禅宗在生活方式、思维方式和创作风格上对中国作家皆有影响。贾平凹在《山

① 郃科祥等：《当代商洛作家群论》，三秦出版社，2005，第 14 页。
② 孙见喜：《贾平凹前传》，花城出版社，2001，第 189 页。
③ 仲富兰：《中国民俗文化学导论》，浙江人民出版社，1998，第 146 页。

石、明月和美中的我》中写道："社会的反复无常的运动，家庭反应连锁的遭遇，构成了我是是非非、灾灾难难的童年、少年生活，培养了一颗羞涩的、委屈的甚至孤独的灵魂。慰藉这颗灵魂安宁的，在其漫长的二十年里，是门前屋后那重重叠叠的山石和山石之上圆圆的明月。这是我那时读得有滋有味的两本书，好多人情世态的妙事，都从它们身上读出了体会。"[①]贾平凹对自然景物有超常的感应，在诗学领域中早有感应思维的说法，这种超脱于自身身体外，以肉身感知精神，以静感动，从而达到一种"禅境——虚无"的动态灵感是艺术家创作所遵从的一种哲理。贾平凹说："我欣赏这样一段话：艺术家最高的目标在于表现他对人间宇宙的感应，发掘最动人的情趣，在存在之上建构他的意象世界。"[②]"每过一段时间，我就去那如林的石碑下，我总感到一种说不出的启示，每见到民间那剪纸、刺绣一类，总是爱不释手，虽然我无意要去做书法家和美术家，古老艺术竟合了现代人的心境，这使我吃惊。"[③]贾平凹自我创伤的经历和由此磨炼的超常的感知能力与思维形成了一种稳定而又自在的审美心态与审美趣味。贾平凹在《静虚村散叶》中写道："鲁迅的人文是什么象？猫头鹰。苏东坡的人文是什么象？水。郑板桥的人文是什么象？瘦石。我是赞成这种说法的。"[④]贾平凹的作品中出现最多的意象便是月、水、石等。贾平凹钟爱月，他的散文集《月迹》便是咏月的散文集，其中给读者留下深刻印象的散文有《月迹》《月鉴》《对月》等，甚至在小说中，他钟爱并着力描绘的人物形象也常以月来命名，如满月、小月、牛月清、柳月等，贾平凹认为明月和山石是其"读得有滋有味的两本书"，甚至认为"我们这个时代应该是一个月亮的时代"。同时，贾平凹对水的喜爱也是明显的。在中国现代文学史上，沈从文对水格外痴恋，翠翠那"软软的""酸酸的"心情，"也许永远不会来，也许明天就回来"如水般绵长的等待，还有天宝和傩送那种如水般纯洁的兄弟情义，这些都为我们展示着沈从文作品中"水"意象的多重意义。

① 雷达主编、梁颖编选《贾平凹研究资料》，山东文艺出版社，2006，第4页。
② 贾平凹：《平凹文论集·无题——〈心迹〉序》，青海人民出版社，1985，第124页。
③ 贾平凹：《平凹文论集·无题——〈心迹〉序》，青海人民出版社，1985，第124页。
④ 贾平凹：《静虚村散叶》，陕西人民教育出版社，1990，第89页。

贾平凹对水的喜爱是显然的，在《浮躁》等作品中不断浮出的州河便具有图腾的意义。贾平凹自称为水命，在其小说中便有诸如《在池塘边》《溪流》《溪》《高观潭》《温泉》《荷花塘》等以水命名的作品，甚至商州那三省交界的街道，也取名为白浪街。同样，对山石的喜爱也表现了贾平凹入禅的审美趣味。在《山石、明月和美中的我》一文中，他写道："山石和明月一直影响着我的生活，在我舞笔弄墨挤在文学这个小道上后，它们又在左右着我的创作。"[①]贾平凹在忧患的病体下，面对看似无情的山石、山路、山雾、山雨、山风，有了情的交流，这种"感时花溅泪，恨别鸟惊心"般的通感体悟也不逊于古人"梅妻鹤子"的情感寄托，颇有"羚羊挂角，无迹可寻"的审美况味。作品《丑石》中那块无人问津、虽丑却有用、兼具美丑的陨石，不正是人生跌宕的象征吗?这也正是贾平凹的夫子之道，禅宗顿悟。

贾平凹的作品中将明月、水、山石等意象与其笔下的女子联结在一起，彼此间看似矛盾但又和谐共生。其中，月是基础，连带水，同时又黏连着石，当然如果要论及贾平凹的人文意象，那便是月。《月鉴》中，妻子与月亮融合；《佛关》中，女子黑氏和长顺在皎洁的月光下耕云播雨，甚至兑子也在这意境中与嫦娥交融，此时此刻王国维的"有我之境"与"无我之境"似乎已难以厘清了。在《天狗》中，借天狗吞月之际，主人公天狗与师娘之间爱意流淌，与月的皎洁对应的便是他们纯洁的情愫。贾平凹这种月的意象包含了水的柔性与山石的倔强，而这些又暗合着贾平凹的独特气质与精神品格：朴实但又滴水穿石，忧患而又充满乐感。"这种气质的人，表面上是冷漠的，内心是热烈的，他永远使人看不透，以此引申入文学，必然有一种神秘色彩，变化莫测，有不可学得或模仿的特点，他不善于打正面攻击战，却极会选择角度进入中心地带。"[②]月、水、山石的审美意象培养了贾平凹隐秘的禅性，贾平凹的书室所挂达摩面壁图，并取名为"虚静"，甚至其作品也取名为《静虚村散叶》，贾平凹的禅宗之意已溢满纸面。无独有偶，在现代文学史上，废名也是一位笃

① 雷达主编、梁颖编选《贾平凹研究资料》，山东文艺出版社，2006，第4页。
② 《贾平凹文集》，陕西人民出版社，1998，第127页。

信禅宗且具有独立精神与隐逸气的作家，其《竹林的故事》等作品一度被评论者称为“唐人绝句”。废名以竹林、石桥为民间意象，而贾平凹以月、水、石为民间意象，这些民间意象既是这两个作家对现实的观照，又是他们精神的寄托与还乡，只是贾平凹寻根在商州，废名定位在黄梅。张中行说：“大多数会有意或无意，取他们认为有用的，掺和在自己立身处世的指导思想里，并表现为行为和爱好，这就是禅的影响。”①贾平凹的爱好是在月、石、水间游移，废名的喜好在竹林、石桥间徘徊，通观他们的日常行为，我们也感受到他们身上不断升腾的禅宗气息：为人低调，作风朴实，好清静但又笔耕不辍。他们都不是禅子，但无论他们身在何处，“心静”却使他们成为文学上的“禅师”。“参禅须悟禅境，学诗须悟诗境，正是在‘悟’这一点上，时人在禅与诗之间找到它们的共同之点。”②张中行的这段话用贾平凹与废名的作品来论，便是作品有诗韵，这两位作家都是悟性极高的所谓“参禅之人”，他们的作品许多都可以“诗”来论，且颇有意境。

虽然贾平凹的作品给我们带来虚境和空灵的禅宗意境，但他的作品又不是虚无飘荡的魂幡。贾平凹的散文具有坚实的物质外壳，有很实在、很写实的情感流动，这一点不但符合禅宗“直指人心，见性成佛”的道义，而且又与文学人类学在“超验的人生层面要形成具体的、相对的乐观求索的人生态度”的基调相吻合。在对待家人及自身的态度上，贾平凹同样是实在的，他在《祭父》中写道：“父亲贾彦春，一生于乡间教书，退休在丹凤县棣花；年初胃癌复发……”③在《人病》中提道：“突然患了肝病，立即像当年的四类分子一样遭到歧视。”④甚至在《说孩子》中说：“和女人在一起，最好不提起说她的孩子——一个家庭组合十年，爱情就老了，剩下的只是日子，日子里只是孩子，把鸡毛当令箭，不该激动的事激动，别人不夸自家夸——她会全不顾你的厌

① 张中行：《禅外说禅》，黑龙江人民出版社，1992，第285页。

② 张中行：《禅外说禅》，黑龙江人民出版社，1991，第285页。

③ 李星选编《平凹散文》，浙江文艺出版社，2009，第341页。

④ 李星选编《平凹散文》，浙江文艺出版社，2009，第373页。

烦和疲劳，没句号地要说下去。”[1]这些都使我们看到了贾平凹的精神实在，这种“精神实在”是贾平凹“悟”的结果。贾平凹与废名的“悟”揭示了他们禅宗的思维方式，是直觉感受与客体融合的“高峰体验”。但是贾平凹与废名不同的是，废名受到这种禅宗思维方式的负面影响，心理封闭，心灵脆弱，性格孤僻，刻意追求玄而又玄的偏远的生活情调和审美趣味，最终压抑了生命的鲜活，远离了现实的繁复。贾平凹剥离了这些负面影响，他扎根于三秦大地，“混迹”乡土，稳接地气，关注民生疾苦，这种大情怀超越了废名。

纵观贾平凹的创造可以看出，贾平凹始终是一个民间作家，他是比较集中地体现了民间精神的小说大家，也是承载乡土、关注社会变革而又不断寻求精神突围与灵魂救赎的作家。他的作品中已经具有了充分的人类学意识和对文学人类性意蕴的追求，无论是对陕西民俗的展示还是对禅宗文化的推崇与践行，贾平凹始终站在人的角度触摸人性、体悟人生、关注现实。他很好地践行着“文以载道”的中国文学的优良传统，聪明而又朴实地紧紧抓住“民间”这根滋润的文学水草，吮吸着乡土的精神乳汁，低调而又扎实地前行。贾平凹给中国文坛，给中国文学评论者留下的味道便是三个字——“说不尽”。

① 李星选编《平凹散文》，浙江文艺出版社，2009，第265页。

民间精神的人类学体验

——以莫言《红高粱》小说为例

莫言是中国当代作家中少有的寻根与先锋精神兼容的作家。莫言小说充斥着狂欢文化的意象个体，这种狂欢意象又通过对匪与酒的民间焦点的论述横贯其中，这些构成莫言作品的言说空间与文本内容。美国文化人类学家哥登卫塞在《初期文化》一书中提出社会组织的五种成立根据。根据哥登卫塞的观点，“一个人不只属于一个社会集团，他可以兼属于家族、氏族、地方团体、结社、年龄集团、性别集团、世代集团、生业集团或世袭阶级”①。每个人都来自民间，都沐浴着人类学的光辉。

在近三十年中国当代文学的发展过程中，莫言这位兼具寻根与先锋精神的作家无疑是一个重要的存在。莫言的《红高粱家族》《透明的红萝卜》《丰乳肥臀》《檀香刑》《生死疲劳》《四十一炮》《蛙》等作品持续散发着诱人的艺术魅力。莫言一直是中国当代作家的标杆之一，他奇特的想象力、透明的感觉、高昂的创造精神、挥洒的语言天才以及其善于营造故事文本的韧性特质，构成了中国当代文学的一座丰碑，也被日本作家大江健三郎称为中国最有可能问鼎诺贝尔文学奖的作家，事实证明的确如此。莫言的成功源于对故乡山东高密东北乡的持续关注、对中国人隐秘的精神世界的不断深入，其实，这种魅力的持续发散，窥其本质，乃是与“民间”这种审美体验密切关联。世

① 林惠祥：《文化人类学》，商务印书馆，2011，第135页。

间最翻腾、最活跃，也最具现代意义、最具生活气息的场景，一定来自民间。“作为一个在民间乡土文化浸淫中长大，后又参军在大都市生活的作家，他（莫言）又不时脱离民间叙述的轨道，表现出现代人对发生于民间大地中的人和事的看法。由此，我们不仅可以触摸到中国本土——民间文化复杂性的根底，而且可以体味到源于一方水土的民间艺术想象是怎样凝聚起了相互对立的诸多因素——卑鄙与高尚、美丽与丑陋、善良与邪恶等等，呈现出文本难以阐释清楚的‘藏污纳垢’形态……”[①]“藏污纳垢”无疑是陈思和对民间内容的经典概括。“藏污纳垢”在美丑、善恶中寻求一种共存的文化形态与审美形态，而莫言对民间问题的关注、对民间经验的书写，使得作为“民间之子”的莫言的小说中的民间焦点便日益凸显出来。其实际是莫言身上有着压抑不住的狂欢精神，这种精神又通过匪与酒的个体意象再现出来。匪为人，酒为物，两者都有狂欢文化的性质。“狂欢式——是没有舞台、不分演员和观众的一种游艺。在狂欢中所有的人都是积极的参加者，所有的人都参与狂欢戏的演出。”[②]实际是这种演出的狂欢主角多有酒相伴，而“大碗喝酒”“大块吃肉”的匪性人生便是很好的民间体验状态。

一　酒：民间狂欢精神的诗意体验

东汉许慎的《说文解字》解释“酒”字时说：酒，就也，所以就人性之善恶，从水从酉，酉亦声，吉凶所造也。酒就能因人的性格而起不同的作用。因此，酒能造人，亦能误人。但无论如何演义，酒与人是密切相连的。希腊酒神狄俄尼索斯是西方传统中具有整合力量的意象。尼采曾说：“肯定生命，哪怕是在最异样最艰难的问题上，生命意志在其最高类型的牺牲中，为自身的不可穷竭而欢欣鼓舞——我称这为酒神精神……”[③]这种兼具狂欢文化精神

① 王光东：《现代·浪漫·民间——20世纪中国文学专题研究》，上海人民出版社，2001，第258页。
② 钱钟文主编《巴赫金全集》第5卷，河北教育出版社，1998，第158页。
③〔德〕尼采：《悲剧的诞生》，人民文学出版社，1986，第354页。

的酒神精神是西方文学的核心思维，而在中国文化中，酒虽与欢宴结伴，但有时可能也要含蓄地影射那种“借酒浇愁愁更愁”的孤独诗人之意象，这使得酒具有一种诗意的共享精神。但这毕竟是酒的一种含蓄的微小的力量。酒更多的是令人体验一种生命力、生殖力、创造力的世俗激情中的民间意象与人类学维度。长久以来，“酒”一直在历史的裹挟中被赋予层层的文化内涵，但到了莫言的小说《酒国》中，“酒”的出现却脱去了文化外衣而复归到最初人类学层面上的酒神精神的狂欢、暴力与性的含义。与此同时，“酒”也不再仅仅是一个文化意象而是逐渐发展为一个以“酒”为名的国家。这就意味着“酒”已成为地理空间的主导性文化且被一种以权力为核心的理性所固定下来了。

莫言的《红高粱家族》有对酒的狂欢精神的持续阐述。而此后经过导演张艺谋改编的电影《红高粱》更是将民间个体意象与民俗形式做了很好的结合，被奶奶取名为“十八里红”的酒，随着爷爷的最后一泡尿成了当年最好喝的酒，这种粗俗与雅致共存的“十八里红”，在酿酒工人高亢的“喝了咱的酒啊，见了皇帝不磕头”的抗争人格的映射下，欢宴体验的氛围达到了极致。畅快应该是酒神精神最好的概括，甚至爷爷与奶奶的结合也是在酿造酒的原料红高粱地中完成。“爷爷和奶奶在生机勃勃的高粱地里相亲相爱，两颗蔑视人间法规的不羁心灵，比他们彼此愉悦的肉体贴得还要紧。他们在高粱地里耕云播雨，为我们高密东北乡丰富多彩的历史上，抹了一道酥红。我父亲可以说是秉领天地精华而孕育……”[①] 这段高粱地里的结合如果仅仅是追求在酒壮色胆的层面上便是肤浅的停留而已。奶奶青春的肉体散发了旺盛的生命力、生殖力与创造力，虽然这里有性的裸露，但谁说这又不是生命的必经阶段呢？高粱地中的示爱，就是一种舞蹈，这种两个人的舞蹈伴随着鲜红的高粱，完成了生命的承传，谁又能说这不是狄俄尼索斯酒神情绪的沉醉呢？除了性的畅快，还与之匹配的便是余占鳌的男人如酒的爽朗性格。在小说《红高粱》中，爷爷与奶奶路上相遇，便有了这么一段描写：“路西边的高粱地里，有一个男子，亮开坑坑洼洼的嗓门，唱妹妹你大胆地往前走 / 铁打的牙关 / 钢铸的骨头

① 莫言：《红高粱家族》，当代世界出版社，2004，第 105 页。

/ 通天的大路 / 九百九十九 / 妹妹你大胆地往前走 / 从此后高搭起红绣楼 / 抛洒着红绣球 / 正打着我的头 / 与你喝一壶红殷殷的高粱酒……”[①]这段唱词在电影《红高粱》中异常高亢，那种天地又奈我何的水浒气展露无遗，这“一壶红殷殷的高粱酒”无疑为爷爷这种豪迈、潇洒的性格做了很好的注脚，如酒的烈性又如酒的芬芳。

但是，日本人说来就来，通红的高粱被铲平，罗汉大爷被活剥人皮，反抗也就成了民众自发的行为。酒壮人胆，酒壮人气，酒再一次成为联结生命、死亡和重生的公共纽带。这种纽带“见证了在面临日本入侵时集体劳动的荣耀和关于失去的自由和独立的悲剧”[②]。当酿酒工人在酒神像前排成一列，再次唱起“喝了咱的酒啊，见了皇帝不磕头”，与前面形成对比的是，抗击日本人的喝酒仪式与声音充满了低沉与悲壮，这必将毁灭外族入侵的旧世界，至少在彼时彼地，也必将掀起一轮轮反抗的浪潮。新的世界便是在这种反抗中孕育着、延伸着。巴赫金曾在其关于狂欢节的概念中如此阐述：“（狂欢节）置身外于并且对立于所有现存的强制性社会经济和政治结构，后者都在庆典时节被悬置了……狂欢节是真正的对于时间的欢宴，是一场关于成为、变化和更新的欢宴。它排斥所有不朽的和已完成的事物……狂欢节庆祝的是旧世界的毁灭和新世界的诞生。”[③]如果说颠覆和毁灭性在这种营造的狂欢节中是一种真实存在，那么，莫言《红高粱》中对于酒的穷竭性，不可遏制、摧枯拉朽的欢宴性与悲壮性都展示得淋漓尽致。

酒在中国民间文化中体现了更多的心理、生理、地理、物理的综合元素，是在人类学文化中的不可忽视的民间焦点，世间之酒不少是一种对现实生活的狂欢性反应，直抵人的生存本相，为神、人、现实、幻象建立一种隐秘的通道。“酒”这种特殊的精神与物质兼容的客体便是这种通道的飞升之物。在《红高粱》中，民族抗争与民间精神确实以这种特殊的物质形式存在，将一个民族的秘史凸显出来，如此丰厚，却又如此惨烈，如此藏污纳垢，却又如此

---

① 莫言：《红高粱家族》，当代世界出版社，2004，第 109 页。

② 朱栋霖、范培松主编《中国雅俗文学研究》第一辑，上海三联书店，2007，第 236 页。

③ 〔苏联〕巴赫金：《拉伯雷和他的世界》，印第安纳大学出版社，1984，第 255，410 页。

不可穷竭，正如同莫言身上压抑不住的狂欢精神。“八十年代末期，权力开始小心翼翼地控制知识分子的话语权，进入了一种不能言或无法言不想言不敢言的状态。因此借助一个人类学原型和‘酒’的某种特质指涉一个历史时期的社会情绪并模糊化现实世界与酒神世界之间的区隔，可谓是一种缓解焦虑的方式。”[①]在今日人们的生活逐渐散文化，也缺乏诗意的年代，莫言小说中的酒无疑是一种诗意畅快体验。

二　匪：流氓精神的民间繁衍

人类学家的眼中不会发现完美的社会。但是，它却能给我们社会迄今为止最为深远的启迪：“它只能帮助我们建构一个人类社会的理论模型，这个模型不和任何可以观察得到的现实完全一致，不过借着它的帮助，我们也许可以成功地区分‘在人类目前的天性中，什么是始原性的，什么是人为的；取得关于一种状态的知识，那种状态已不存在，可能从来没存在过，将来也可能永远不会存在，不过仍然还是必须对该种状态具有一个正确的概念，这非常重要，如果我们要能够对我们目前的状态做一个正确有效的评断的话’。”[②]匪是不完美社会的重要社会现象，是中国民间文化中的个性主体，是被匡出去的不一般的人。很多民间文本将匪与流氓混为一谈，其实际是“流氓”一词在现代汉语中的十分确定的、明晰的内涵与外延，“从语言上考索‘流氓’就是《诗经·卫风》中的《氓》……该‘氓’就是‘流氓’的雏形，他对相中的姑娘‘始乱之，终弃之’，其表现是以‘蚩蚩’之貌，骗得姑娘一腔痴情，然后就‘二三其德’”[③]。据陈宝良《中国流氓史》称，“流氓一词起源于清末之上海”，但“流氓”却深植于中国历史文化的土壤，“流氓”一词的历史可梳理为春秋时的氓，战国时的游侠，秦汉之恶少年，魏晋时的无赖，隋唐之恶少，宋元

① 褚云侠：《“酒”的诗学——从文化人类学视角谈〈酒国〉》，《小说评论》2016年第1期。

② 〔法〕列维－斯特劳斯：《忧郁的热带（第2版）》，王志明译，生活·读书·新知三联书店，2005，第512页。

③ 张乃良：《“流氓”的魂幡——民间精神之一帜》，《文艺争鸣》2005年第5期。

之破落户，明清之帮闲、青皮，渐渐演义为《水浒传》中之贼寇，又繁衍出土匪，甚至演绎为刘心武《班主任》中宋宝琦和王朔《顽主》中的顽主形象。土匪应该说更多地具有政治色彩，在民族战争的漫长历程中，匪是针对本民族另类人的称呼，而这个本民族人或是一族或是中华民族，因此十四年抗战从未听到过“日匪”一说。匪在民间繁衍，亦在民间蜗居。在中国，“匪”具有鲜明的特征，匪皆来自农民，闲时种地，战（抢）时便杀人掠物，攻城略地，因此匪也分多种，有劫富济贫之义匪，也有杀人越货之恶匪，正因为如此，对“匪”的民间态度也各异。但有一个共同的现象，无论是何种类型的匪，一旦民族危亡，外族入侵，匪便回到这个字形框内，也即回到民族大义的轨道上来抵御侵略，甚至其反抗的烈度与韧性远远超出一般人。莫言的小说《红高粱家族》中的各种匪便为读者演绎了一幕幕匪性人生。

莫言在《红高粱家族》的开篇这样写道：“一九三九年古历八月初九，我父亲这个土匪种十四岁多一点，他跟着后来誉满天下的传奇英雄余占鳌司令的队伍去胶平公路伏击日本人的汽车队，奶奶着夹袄，送他们到村头，余司令说‘立住吧’，奶奶就立住了……余司令拍了一下父亲的头说‘走，干儿’。”[①]这个开头清楚地说出了父子的身份，并表述了爷爷后来所做的事。此举，爷爷的匪性在《红高粱》这部电影中清晰地再现。无论是杀死劫轿人，还是高粱地中向奶奶示爱；无论是向刚酿出来的高粱酒撒尿，还是义无反顾地带领村人在胶平公路伏击日本人的汽车，爷爷的通身匪气展现得淋漓尽致。

在中国，整个社会生活中又渗透着五缘（血缘、地缘、业缘、学缘、亲缘），“借助这‘五缘’，人们延伸和拓展了自身的能力，并组成了各自的微观社会。对于大多数社会成员来说，这些身边的小社会才是真实的和现实的，社会个体成员的主要活动正是在这小小的微观社会中进行的。也正是由于无数个微观世界，才组成了整个社会的繁盛”[②]。按此说，在中国社会的大环境

① 莫言：《红高粱家族》，当代世界出版社，2004，第1页。

② 仲富兰：《中国民俗文化学导论》，浙江人民出版社，1998，第499页。

下，民众是普遍逃离不了这诸种“缘”的。中国社会是在传统农耕经济基础上形成的乡土社会，在乡土社会中，浓缩着先民“安土重迁”的人生理想与不断反省的小农意识本分，在畅快和活跃的小农意识中，中国人总是处在对未来充满憧憬，但又绝对安于现实的矛盾中生存，生之快乐，死之坦然，安抚自己，又祭奠先灵，这就是乡土。在乡土的社会中，是不允许离经叛道的。但是在民间，总有那么一些人“不走寻常路”，他们不为别的，就为了心中的那份畅快。《红高粱家族》的叙述者是具有“民间立场”的，这也决定了其对民间价值的认同和坦荡无比、恣意豪迈、天马行空的叙述气魄，“他写爷爷杀人放火、写爷爷与奶奶在高粱地里做爱、也写他们与日本鬼子的血腥战斗以及爷爷抛弃奶奶和恋儿的婚外情和奶奶为报复爷爷投入铁板会头子黑眼的怀抱……与此交织在一起的是他（她）们健壮的体能，强壮的气魄，敢爱敢恨、重生轻死的民间情怀。莫言这种恣意妄为的叙述表明：他通过‘血缘’为纽带所确立的民间立场，使他在认同民间的同时也认同了他的‘根’”[①]。土匪就是这群把“根”留住的人。在莫言的小说中，爷爷、奶奶，延及父亲这一辈都是匪性上身。由此，莫言在《红高粱家族》的题首写道：“谨以此书召唤那些游荡在我的故乡无边无际的通红的高粱地里的英魂和冤魂。我是你们的不肖子孙，我愿扒出我被酱油腌透了的心，切碎，放在三个碗里，摆在高粱地里。伏惟尚飨！尚飨！”[②]在这里用“不肖”表达了莫言的自惭形秽，也延展出祖辈们对生命的热爱，对爱情的大胆追求，对自我价值的无上尊崇。在爷爷、奶奶以及山东高密东北乡的那片土地上流淌的自由精神的血液滋养了这片热土，也昭示后人前行的漫漫路程。

当我们以人类学的目光看待“匪”的含义时，我们就会理解“匪”的意义何在，动机何在，制度的目的何在以及其在文学上所承载的个体含义。土匪的政治待遇如同农民起义一样总是处在当局者镇压的郁郁形式之下。莫言在《红高粱家族》中写道，一个叫曹梦九的县长说道：“本县长上任以来，致力

① 王光东：《现代·浪漫·民间——20世纪中国文学专题研究》，上海人民出版社，2001，第260页。
② 莫言：《红高粱家族》，当代世界出版社，2004，第305页。

于三件大事：禁烟、禁赌、禁匪。禁烟、禁赌已大见成效，惟有剿匪一项，收效不大。东北乡乃本县土匪猖獗之地，本县号召良民，与政府通力合作，通风报，检举揭发，共致地方太平！”[1] 由此，剿匪是历代政府的集体行为，然而无论怎样剿匪，这种敢爱敢恨的自在行为却总是剿不去的。莫言笔下匪的欢乐与苦难，表达了他对中国民间的基本关怀，对大地和故土的深情关注，这种“匪”很大程度上是义匪。

三　另一种表述：酒与匪的人类学现代意义

单纯就莫言小说中所体现的酒神精神与匪性人生进行探讨总是有旧瓶之感，甚至过高的赞扬土匪的这种自在精神也落入对叛逆人物大唱赞歌之嫌。然而，我们这个时代每天都在生产出无数的奇闻与丑闻，制造出很多的悲剧与喜剧，留下太多的忧伤与耻辱。在一个压抑、人自保又自畏的时代，畅快和热血或者曰狼性精神便成为一种必需。新时期以来，中国当代文学常常处在边缘与主潮的矛盾更迭中，现在的电视荧屏，出现了一个怪异现象，往往是时代缺乏什么便流行什么小说或电视剧。婆媳关系日益紧张，《媳妇的美好时代》《婆婆来了》等剧作便活跃；婚姻脆弱，离婚率高，这边便是《金婚》《新结婚时代》；同学关系淡薄，人情冷漠，便又有了《北风那个吹》《雪花那个飘》。在你方唱罢我登场的热闹背后，留给我们文学评论的背影却是冷漠的，也是严峻的。这些现象凸显了我们这个和谐时代的不和谐因素，人心的被放逐，人情的荒漠化，为了追逐金钱有时不计手段，感情空白，甚至有一些人不知生活在“人世间”。

在如此的现实文化背景下，因为缺失与久违了一种精神的状态与向上活着的证据，都梁的《亮剑》、姜戎的《狼图腾》所引起的持续关注也就在情理之中了。在中国长期的革命战争题材小说的创作中，敌我双方往往处在“二元对立”的鲜明模式中，尤其是敌我指挥员的形象都是那么明显。我军指挥员，他

① 莫言：《红高粱家族》，当代世界出版社，2004，第 95 页。

们“通常是出身贫苦，大公无私，英勇善战，不怕牺牲，不会轻易死去，没有性欲，没有私念，没有精神危机，甚至相貌也有规定：高大威武，眼睛黑而发亮、不肥胖，等等”①，敌军系统指挥员则往往是“喜欢掠夺财富，贪婪，邪恶，愚蠢，阴险，自私，残忍，有破坏性和动摇性，最终一定失败，长相也规定为恶劣、丑陋、有生理缺陷……”②这两套语言系统误导了无数中国人，尤其是在对恶人长相的规定上，甚至三岁小儿都能分辨出何人是坏人。嘴上一撮毛、歪挎驳壳枪、长有鹰钩鼻等似乎已成为坏人的经典造型，但脱离那个革命时代功利性、政治性的宣传，在今日，这种描述又显得如此滑稽，正如民间话，“好人、坏人不写在脸上”，因此还原真实的人、人性便成了文学的需要。读者、观众希望看到一个真实的有血有肉的指挥员形象，因此都梁《亮剑》中李云龙的形象深入人心，便是一种公共需求的真实反映。李云龙虽然满口脏话、脾气火爆，甚至违抗上级命令，也为此几起几落，但他能打仗、会打仗、能带兵，他是血肉丰满的，是真实的。此后，姜戎的《狼图腾》再次掀起了狼性文化，被“羊病”困扰的国人被这部小说点了七寸，于是骚动、沸腾……各种研究狼、表述狼文化的书铺天盖地而来，图书市场好一派“狼来了”的迎合之声。无数的评论家赞扬我们处在一个“众声喧哗”的多声部合唱时代，然而这种热闹的背后却如朱自清《荷塘月色》中所写到的，“热闹是他们的，于我却什么都没有”。

现如今，中国每年产上千部长篇小说，但读者仍然呼唤大作家、大作品，仍然找不到书读。这种怪异的阅读现象正如“皇帝的新衣”一样，一语蔽之，作者远离生活，卖弄文字，煽情，矫情，“面向市场为大众生产快餐式的‘知识’和文化产品，兜售‘文化口红般’的随笔散文、‘心灵鸡汤式’的人生哲理和‘擅术弄权’的历史故事”③，这些作品中许多便是无病呻吟的虚伪与做作。我们今天的时代是一个“重变道、不重常道的时代，也是一个欢迎否定、无

① 陈思和主编《中国当代文学史教程》，复旦大学出版社，1999，第57页。

② 陈思和主编《中国当代文学史教程》，复旦大学出版社，1999，第57页。

③ 《人民论坛》杂志社：《中国策》第1辑，国家行政学院出版社，2011，第14页。

从肯定的时代。所以，是大时代，也是生命苦闷、灵魂受苦的时代”[1]。因此，关心中国发展和命运的人，最好不要醉心于热炒一些空洞的理论概念。最后，笔者用四个字来结束——“空谈误国”。

---

① 谢有顺:《文学的常道》，作家出版社，2009，第 272 页。

西部生态文学的人类学可能

从生态人类学的角度归纳的文学形式，重在呈现文学内容中对于环境的人类适应模式。将文学作为研究主题的人类学观察环境主题的观点遵循文学为人学的概念。此时，人们并不认为环境可以影响文学的主要走向。我们也不能否认，大部分的人类学家为了强调文化具有歪曲的观点，从文化的角度观察文化和环境的关系。因此，提出了环境可能论。可是，从为人类的未来着想的角度公正地观察文学和环境的关系时，我们似乎应该重新回顾生态文学的人类学含义。

自20世纪80年代开始，一种与中国社会主义现代化建设高歌猛进极不相谐的现象，便日益严峻地凸显在每一个中国人面前，这就是生态环境的日渐恶化。而且仿佛是上苍有意识地警示国人，40年来，一方面是不断地加大环境治理的力度，另一方面却是环境的恶化。可以毫不夸张地说，环境问题已经成为当代中国人挥之不去的一种“心病”，“心病总须心药医”。文学作为一种人学，无疑是医治人类心病的一种“心药”。正因为这样，在环境问题严峻的同时，以关注人与环境关系为内容的“环境文学”也相伴而生。“环境文学”的诞生，在人类学的天空抹出亮丽的色彩，延续着中国古代哲学“天人和谐”的传统思想，但又与工业时代的现代化密切相关。从人类本源的依附关系着手，再次将“人与自然”的主题放大化，当然，如同任何初生事物往往都有不同的名称一样，“环境文学”也被人们称作“生态文学”“公害文学”“自然写作”等，但笔者还是愿意称它为“生态文学”。因为“生态”毕竟是一个最通俗、最普通、最令中国人揪心的字眼。伴随着国家对生态环境问题的大力整治，近些年来，中国的环境问题得到了很好的解决，人类中心主义逐渐下滑，生态共同体得到很好的彰显。

生态文学尽管已经是一种已然性的存在，但与传统的文学品类（如“都市文学”“乡土文学”“儿童文学”等）相比，与人们已经习惯了的划分文学品类的基本方法、规范相比，“生态文学”毕竟戴着一点陌生的面孔。人们可能会提出这样的问题：“生态文学”这个命名成立吗？用文学反映人与环境的关系能成为一种可能吗？因此，在这里，笔者将首先把笔触伸展到“文艺学”的疆界之内，为“生态文学”正名，回答“生态文学”如何可能这个问题。对于一般的文学研究来说，这可能是多余的，但对于“生态文学”这个发展中的概念来说，这又是必要的。笔者将首先从文学与社会生活的关系、文学与人的关系入手，为“生态文学”寻找安身立命的根据，然后再把探究的触须伸入古代神话中，为“生态文学”之可能“寻根问祖”，并试图按艺术发生学的思路，从神话中发掘一些“生态文学”应有的原始的其实也是最基本的要素。

一　从文学与生活之关系看“生态文学”之可能

人类社会的各种意识形态当中，文学无疑是最能牵动人类思维的意识。而文学作为一般意识形态，“是与物质存在具有复杂联系的社会性话语活动”①。但究其实质来说，文学作为一般意识形态，作为与物质存在具有复杂联系的社会性话语活动，归根结底是一种“反映”。文学对客观物质存在的反映具有受动性和能动性的特点：受动性规定了文学对客观物质存在，即现实生活的依赖关系；而能动性诚如毛泽东主席所说，“文艺作品中反映出来的生活却可以而且应该比普通的实际生活更高，更强烈，更有集中性，更典型，更理想，因此就更带普通性”②。总之，文学对客观物质存在的反映，是受动反映

① 童庆炳主编《文学理论要略》，人民文学出版社，1995，第60页。

② 《毛泽东选集》第3卷，人民出版社，1991，第861页。

与能动反映的统一。

从文学的“受动性”而言，其包含两方面的含义：“一是文学反映外部客体世界，二是文学也反映内在主体世界。”[①]就第一方面的含义而言，也就是说文学必须反映丰富多彩的现实生活。文学作为意识形态，不是唯心论者鼓吹的仅是所谓主观理念或主观精神的外现，而是客观现实生活在作家头脑中反映的产物。简而言之，文学源于社会生活，社会生活是文学的唯一源泉，文学必然要反映社会生活。但是，众所周知，人们的社会生活是异常丰富而多样的。大而言之，有人的政治生活、经济生活、文化生活等，小而言之，有人的感性生活、学者生活、个人生活等，应该说，在以往的文学创作中，人的上述社会生活都得到了相当充分的反映，特别是人的政治生活、经济生活（包括阶级生活），由于关涉到社会的进步、人类的解放，在相当长的一段历史时期里，还成为雄霸文坛的“宏大叙事”，成为文学最显著的旋律。

二　从文学与人的关系看“生态文学”之可能

无论是发达国家还是正在腾飞的发展中国家，环境问题的严峻都与工业化、现代化的历史进程相伴相生。这里似乎存在着一个西方文化界颇为关注的关于“现代性”的悖论：人类谋求工业化、现代化的目的，是改善自身的生存化境，提升自身的生存质量。其实，工业化、现代化带来的最显著的负面效应之一却正是人的生存环境的恶化和生存质量的下降。于是，人与环境的关系最终演变成了人自身的问题，即人如何走出现代性的困境，获得理想的生存环境。换言之，在日益物质化、工业化、嘈杂化的今天，人不能不去关注自身的生存环境，不能不去关注与自身的生存息息相关的环境问题。

自从人类诞生以来，环境（environment）若说什么时候对生活在地球上的种类产生过最为剧烈的影响，那恐怕莫过于现在了。洪水、海啸、厄尔尼诺等，对地球上的生物构成无以复加的伤害，迫使人们把目光聚焦在“环境”

① 童庆炳主编《文学理论要略》，人民文学出版社，1995，第 61 页。

上。环境的好坏直接影响人类生存的质量，甚至关涉到人类的繁衍生息。也许由于人类每一次对环境的破坏都遭到了环境的无情报复，现在人们对环境的敬意已普遍加强。但在现实生活中，我们却仍然能举出无数的例子来证明许多依然存在的对环境的无知和短视。我们不能更多地指望依靠政策和法规对人类破坏环境的行为做出惩罚，因为面对这无知和短视，政策和法规的效力是有限的。只有拯救社会人心、恢复人类对环境的敬意，环境问题才有望得到根本的解决。而文学在这一过程中无疑可以发挥重要作用。就文学“本体论”而言，文学是一种“人学”。文学的对象是人生，是各色各样的人生。但文学反映人生，绝不能满足于或停留在表层人生的摹写上，文学须深入人的精神世界，展示人的灵魂百态和动向，提升人的精神境界。易言之，文学作为“人学”，必须宣扬人文精神，“发现人们的灵魂”，正如当代学者谢冕所说：“文学若不能寄托一些前进的理想给社会人心以引导，文学最终剩下的只能是消遣和涂抹。即真的意味着沉沦。”[①] 同时，文学作为“人学”，也必然反映作家的内心世界。面对满目疮痍的地球，作家已是心急如焚。作家是生活敏锐的洞察者，也是生命内在的保护者。也许作家利用他们的文学武器振臂一呼，能给久已麻痹的人们的意识以震颤，能有助于人意识到自我的生存困境，能促使人思考处理人与环境的关系，能引导人走向真正的诗意的人生。

三　从远古神话看“生态文学”之可能

文学人类学于20世纪初传入我国，中国神话研究的面貌为之一新。以此来再度认识中国神话，并重新观照和审视图腾现象与神话起源将会更有意义。我们可以在此基础上阐释中国神话的特质，在远古以生殖崇拜、母系氏族文化和神话意象为最明显的特质，以期从根本上理解人类生存状态的源起。生态文学因为有了神话学的烛照，有了更深层的意义。

“生态文学”不仅从文学理论上讲是可能的，而且在人类的先民最早意识

① 贺雄飞编《世纪论语：〈文艺争鸣〉获奖作品选》，吉林文史出版社，2000，第303页。

到并努力处理的“关系”中，最重要的就是人与自然（环境）的关系，因此那些反映原始先民“创世”的神话传说中，必然孕育着属于“生态文学”的基因。可以说神话是任何民族文学的源头，那么，“生态文学”的母题——人与自然的关系——就是任何民族文学最原始，也是最基本的“基因”了。自原始先民从直立行走开始，“人”便有了出息。

人类诞生之日的那一束火闪已昭示了人类对自然，尤其是对“天”的敬畏与恐惧，而人类用火烤肉则是“天人合一”的最早的外在表现。每当原始人猎取到食物时便“歌之，舞之，蹈之”，这种狂欢行为便是原始人对天的由衷的感激行为。在这模仿与游戏的背后，神话孕育而生。而在各类神话之中，我们都可以隐约看到“生态文学”的身影。

在世界文化中，许多民族在氏族社会时期都产生了一些关于“创世英雄”的神话，中华民族同样如此。这些神话不仅表现着人类最初的梦想，而且更多地显示着原始先民以及中国文化基本形成时期（因为神话大多是这时定型的）人们对天与人关系的理解。一方面，由于自然的博大与浩瀚，另一方面，由于自然生产力的低下，人类对自然的无穷的威力有了恐惧感，对如何处理人与自然的关系有了幻想，因而“创世英雄”在人们的幻想中首先成型，天人关系由此舒展。这里，我们不妨以《山海经》为例做一些探讨。因为《山海经》用神话的形式书写中国先民创世及斗争的历史，其中充满着原始先民及古代中国人对天与人、自然与人、生命与人的复杂理解，从中不难看到一些属于环境文学的“基因”。

天、地、人是环境的三个基本构成元素。而天、地的概念首先来自《山海经》中“盘古开天辟地”的故事：在“宇宙混沌如鸡子般”时，一个不堪忍受，心烦气闷，左手执凿、右手执斧的开天辟地的创世英雄盘古出现了。结果，轻浮飘逸的大气，袅袅上升至蓝天；混沌厚重的尘土，沉落下来，凝成大地。古老的苍天与混沌的大地，由此而诞生，盘古用自己整个身体，使新诞生的世界变得丰富多彩，“自然”从此有了充实的内容，“环境”从此也成为一种真实的存在。

盘古开天辟地的故事，从根本上讲是人改造自然，使人与自然和谐相处的故事。在人类学看来，人与自然最终的关系是和谐。因此，这个故事中所反映的“天人合一”的观念就有了下述两个既矛盾又统一的内涵：其一，人在自然面前不能束手无策、坐以待毙，人要敢于改造自然；其二，人改造自然不是对自然的粗暴的征服，而是期望与自然和谐相处，因此人又须敬畏自然，尊重自然。事实上，《山海经》中的其他神话故事也大多表现了这样一种“天人合一”的观念。例如，“女娲补天”的故事，首先是天地间忽然不明原因地经历了一场大劫难，天也缺块，地也缺角，火灾不息，水流不停，猛兽吃壮年人——可能隐喻着人对自然的失敬及自然对人的惩罚。其次则是女娲出来炼五色石补天，女娲将天残地缺一整理，一切全部就绪——可能隐喻着人对自然的尊重和人与自然的和谐。再看《精卫填海》这则神话：炎帝少女到东海玩，被巨浪溺死，再也不能返回家中，于是化为精卫鸟，每天从发鸠山衔来草木、石子，发誓要填平东海。《精卫填海》这则神话的表层结构，是歌颂精卫勇敢和以渺小之身与大自然做斗争的精神，但它的深层结构则是期望大海不再暴虐，人不再被巨浪溺死，天与人应该和谐相处。同样的思想和观念在《夸父逐日》这则神话中更为明显：夸父看见原野的太阳，忽发奇想追赶太阳，想将它捉住。于是他提起长腿迈开大步，一直把太阳追到禺谷，想抱住这个大火球。此时，他忽然感到干渴难忍，便去饮干了黄河、渭河之水。但仍不觉解渴，他再向北海跑去，可惜未至终点便渴死在途中。夸父不知天高地厚，不自量力地追赶太阳，即寄托着原始初民试图主宰一切的梦想，又善意地嘲弄了人类妄图征服自然的愚憨。但这位夸父也许用生命换得了一个清醒：他死后，没有化作厉鬼继续完成那个虚妄的逐日梦，而是化作一片桃林，使人与自然达到和谐。因此，《夸父逐日》故事的深层意旨，不是歌颂人与自然的斗争精神，而是传达人与自然和谐相处的“天人合一”的观念。

总之，《山海经》中的多种神话，从表面上看，都表现了人与自然的斗争精神。但是我们只要仔细分析一下就会知道，这种“斗争”只是一种手段，目的则是改造自然，求得与自然的和谐相处：补天使原已混乱的自然恢复秩序，精卫通过不懈的填海使东海不再暴虐，夸父死后化作桃林（这是“自然”的意象）供人休养生息。在这些神话故事中，“斗”是形式，“和谐”才是内容，

“斗”是外在的，“和谐”才是内在的。如前所述，在世界诸多民族中，神话都是文学得以追溯的源头，中国自然也不例外。既然作为中国文学源头的神话中已包含着如此充盈的以人与自然的关系为母题的生态文学的因素，生态文学成为可能应该是无须论证的了。在人类学看来，神话对于多种文学样态都具有源发作用。

四　从创作实践看，“生态文学”已然产生

中国的新时期文学进入20世纪80年代以后，在文学关注的众多主题之中，又增加了一个新的内容，即人与环境、人与“天”的关系。天人关系作为一个古老的话题，在当代中国获得了新的言说背景、言说契机，也自然有了更新的言说内涵。新时期的中国作家们，不可能像远古神话的创作者那样以平静的心态去构想人和自然的关系，不可能一味地像古代哲人那样借神话故事去驰骋自己关于“天人合一”的哲思。他们必须面对自然环境与生态平衡恶化的现实，必须面对物质化的现代人的生存困境，必须以振聋发聩之音唤醒人们的环境意识，这就是当下中国的环境文学缺少了驰骋哲思和想象的浪漫主义风格，而充溢着关注现实、针砭现实、改造现实的现实主义精神的原因。

其实就全球范围来看，由于环境和生态问题越来越突出，描写环境问题的“生态文学”（也有的叫作“公害文学”或“自然写作”）早就应运而生并获得了迅速发展。就国外来说，这一现象发生在“一战”以后。但在我国，真正意义上的生态文学则发源于20世纪80年代中后期。它一经萌发便以较快的速度发展着。至90年代，一大批老、中、青年作家、诗人以迅速觉醒的环境意识和热烈的激情投入环境文学的创作之中，报告、纪实文学、小说、散文、诗歌、戏剧等纷至沓来，就连中央电视台定期播放的《动物世界》（后为《人与自然》）也亮相登台。与此同时，1992年环境文学大型期刊《绿叶》创刊，中国环境文化促进会也应时成立；1997年环境文学丛书“碧蓝绿文丛”（共三卷，包括散文卷《愿地球无恙》、报告文学卷《地球·人·警钟》、小说卷《放

生》，约 110 万字）问世。此外，青岛出版社的“绿色文丛”（共四册：《绿色战略》《黄河三角洲生物多样性研究》《大自然的权利》《绿色生活手记》），徐刚的环境文学选《大地备忘录》《枯荣家园梦》《江海咏叹调》《落叶碎片情》，赵忠祥主编的《呵护家园》等，也次第出版。整个环境文学领域初步形成了“百花齐放”的喜人局面，关注环境文学和从事环境文学创作的评论家、作家有张韧、阿城、徐刚、张抗抗、朱胜利等。

“生态文学”的产生和发展，在笔者看来绝不仅仅是文学题材的扩展，而如评论家张韧所指出的那样，是一场巨大的文化思维革命。虽然环境文学并没有改变“文学是人学”的本性，作为“人学”的环境文学，也仍然应该以人为对象，但是生态文学会用不同于以往的另一种自然观、生态观、人生观、文学观、美学观来观察和感受男人和女人，观察和感受人在宇宙中的位置，观察和感受人们生存的价值，观察和关注自然界和人类社会的关系，从而将“人类中心主义”逐渐边缘化，更加深人类与多物种的一体化，人类学的外延得以扩大。在时下的中国，还有许多人没有认识到自然环境的重要性，还缺乏最起码的环境道德意识。生态文学将承担起人民群众环境意识特别是环境道德意识启蒙的使命。

五　生态人类学在西部

环境人类学的兴起，是人类学对自然、社会和文化环境进行整体性研究的推进，是学科发展本身使然。当今人类所面临的环境形势日益严峻，这是环境人类学发展的直接动力。如何实现人与自然的和谐发展，这是环境人类学所要研究和解决的主要问题。中国的环境问题西部最严峻。这里既有历史的原因，也有现实的原因；既有地理的原因，也有人文的原因。因此，中国的生态文学关于西部的言说也最集中、最显豁，意蕴也最丰厚。换言之，欲理解当下中国的生态文学，只要了解了有关西部的生态文学，也就大体可以窥得全豹了。因此在这里，笔者先对西部生态文学做一番粗线条的扫描，看看西部生态文学是怎样言说中国西部人与自然的关系及现状的。

（一）西部环境之严峻危机

提起中国西部，我们似乎理所当然地要用遥远、荒凉、孤寂、蒙昧等词来形容这样一个地理区域。在这里，人们的思想意识是单调的，“生存”始终占据主导地位。而与之相对应的，却是自然生态环境的极其脆弱。地震、干旱、风沙不断出现在这片区域，比起中国的东部、南部等地区，西部的人对自然的依赖性更强，因而环境问题也就更严峻。

徐刚，北大中文系毕业，用近十年的时间从事人与自然生态环境的研究及环境文学创作工作，写出了《伐木者，醒来！》《守望家园》《中国，另一种危机》《绿色宣言》《地球传》《长江传》等优秀的作品，并把关注的目光频频投向西部。在《中国风沙线》一文中，他曾这样写道：“从飞机上能看见黄河，细小而浑浊地蜿蜒着，是它带走了黄土高原也许是最后的泥沙，然而那是黄河的责任吗？况且，没有这条业已衰落的黄河，大西北的干涸更加无法想象，沙漠化土地会掩埋沿岸所有的城镇。黄河，从高高的空中看你，我真想哭。怨你，恨你，爱你，你都是无言的，你麻木了吗？”[①] 黄河文化，西部文化的象征，如果西部乃至中华民族失去了这条文化源头的河流，无疑是一场灭顶之灾。徐刚对于黄河文化是密切关注的。他在《大地备忘录》中写道：

> 飘逝的总是美好的／美好的总是飘逝的／森林在飘逝／江河在飘逝／荒野在飘逝／牧歌在飘逝／智慧在飘逝……[②]

在这首诗中，徐刚用“飘逝”二字意味深长地敲响了西部人生存的警钟。在现实生活中，人们常常是对于“逝去”的东西感到痛惜万分。黄河连续10年断流以及沿岸森林被过度砍伐，面对无地可耕的局面，“飘逝”二字是最好

① 徐刚：《中国风沙线》，《人民文学》1995年第3期。
② 徐刚：《大地备忘录》，福建教育出版社，2000，第368页。

的概括。森林、江河、牧野等都在飘逝，最终会导致人类的“飘逝”。面对西部环境，西部人的确感到了生存的危机，这是关系人的生与死的至关重要的命题。

作家张扬指出水的“蝴蝶效应”，即一只蝴蝶在大洋彼岸扇动翅膀，那么，另一岸也应感受到它的影响。这一效应的提出是作家的独创，也是作家长期关注生态的结果。黄河的断流必然会影响到人文、社会、风俗、场景等一系列的变动。那么，这就不只是西部的危机，更是黄河流经的所有区域的危机。“蝴蝶效应”实际上是作家提醒西部人要有危机意识，西部尤其是青海作为长江、黄河的发源地，所肩负的使命就更重了。

在《夕照敦煌》中，徐刚这样写道，“敦煌”，按照对字义的解释，“敦，大地；煌，盛也”。[①] 而敦煌真是大地之繁盛吗？敦煌在 1910 年时人口为 3.9 万人，到 1980 年即为 10 万人，正是在这人口急剧增长的 70 多年中，敦煌形成了由近及远、由地上砍树枝到地下挖树根式的对森林植被掠夺式索取、焚烧、破坏、毁灭性的大战，使 200 万亩天然林被毁灭。至 1980 年，残存面积只有 398 亩，莫高窟的辉煌掩饰不了“西出阳关无故人”的悲凉。敦煌是沙的大地，如果我们任由风沙蚕食，那么敦煌的命运就会同古楼兰一样走向消失。正如作者所写：“鸣沙山下有人在歌唱，歌声带着西北风的锐利，戈壁的荒凉与开阔，哥哥你走西口，小妹妹我泪花流……泪花、眼花，那是最后的水吗？”[②] 面对鸣沙山，面对西北风，西部人谁希望敦煌离去？中国人谁希望敦煌消失？毕竟这是丝绸之路的驿站，毕竟这是华夏文明的奇迹！

作家徐刚说道：“就历史而言，现代人缺乏的是十分宝贵的废墟感觉，对于遥远的触摸总是心怀恐惧，愈来愈汹涌的物质流，使人类的心灵变得麻木……”[③] 是的，人类生存的脚步在不断地迈向前方，时代在前进，生态在退化。“沙漠”，这是西部生态文学关注的又一个重要内容，这在徐刚的《世纪末的忧思》《中国风沙线》《西部在移民》等作品中也有体现。写西部生态而不写

---

① 徐刚：《夕照敦煌》，福建教育出版社，2000，第 42 页。
② 徐刚：《夕照敦煌》，福建教育出版社，2000，第 44 页。
③ 白烨、雷达编选《海南无梦》（中），时代文艺出版社，2000，第 237 页。

沙漠就如同到北京没有登长城、游故宫一样，总觉得缺少了些什么。然而西部就应该必然地去承载黄沙吗？躁动的人心较之躁动的沙漠，很难分出孰优孰劣，但有一点是可以肯定的：为使中国本来就紧缺的土地资源不因人为的破坏而继续沙漠化，需要的是全社会的关注以及耐心和智慧。实际上，我们每一个人都愿意过海西奥德笔下“黄金时代”里的生活：“鸿蒙初辟之时，奥林匹斯山上诸神缔造了黄金般的生灵……他们像神一样生活，无忧无虑，没有悲伤，没有劳顿。等待着他们的不是可悲的衰老，而是永葆的青春。他们饮宴终日，不知罪恶之骚扰。死亡之到来一如睡眠之降临。他们拥有一切美好之物，富饶而又慷慨的大地向他们奉献源源不断的丰收。在一片莺歌燕舞中人们和睦相处。”[①]也许这个桃花源的美好境况，我们无法感受到，但是我们至少应享受一种权利：富饶而又慷慨的大地向我们奉献源源不断的丰收。然而伴随着人类的践踏，大地沙漠化了。作家张抗抗指出：“踏上大西北的土地，便有一种干渴的感觉，没有土地，那是一种刻骨的贫穷。”[②]土地是所有民族的生存之本（一部土地革命史就是一部土地斗争史），没有土地，人类的生存也就没有了依托。听任风沙肆虐，我们将朝不保夕，生活在西部的人的生命是顽强的，但顽强的生命也无法阻止沙漠的肆虐。

沙漠化是构成西部人生存危机的重要原因，但沙漠也可能是拯救中华民族未来的一块“宝地”。西部环境文学作家面对莽莽黄沙，在思考西部人乃至整个中华民族未来的命运。作家阿城写道：“沙漠是干渴的，也是荒凉的，沙漠的浩瀚使人想起这里什么都缺，缺水、缺树、缺鸟的鸣叫声、缺人的喧哗，可是唯独阳光不缺。”[③]干渴的沙漠对西部人构成了威胁，但西部人为了建设沙漠中的绿洲，为了恢复沙漠的语声，也在殚精竭虑地奋斗。

如果说一个没有危机感的民族是一个衰弱的民族，那么一个没有危机感的作家将是一个贫弱的作家。无论是徐刚、莽萍，还是张抗抗、阿城等，都

---

① 〔美〕杰里米·里夫金、特德·霍华德：《熵：一种新的世界观》，吕明、袁舟译，上海译文出版社，1997，第7页。

② 张抗抗：《自然·生命·思想》，中国青年出版社，2000，第72页。

③ 阿城：《小酒馆》，中国文联出版社，1999，第40页。

在他们的环境文学创作中为西部人凸显一种生存危机，强化一种危机意识。21世纪，当我们面对一个全球化与逆全球化同在的世界，以及越来越多的文明冲突和调适时，我们需要重新思考当今世界的发展形态和转型危机。人类学作为一个发源自近代欧洲的学科，本身面对着普遍主义和民族主义、世界主义和绝对王权等欧洲内生的亦是全球共同的困境。当生态的困境抵达人类学的视野边境时，文学的敏感必将去重组社会资源，挖掘文化自新，从人类学如何在本学科的反思中去解读社会的重组、文化的自新，从社会、人心等角度找寻生态恶化之原因。

（二）西部环境恶化之原因

西部环境文学作家，不仅以惊心动魄的文字反映了西部环境所面临的严峻危机，凸显着西部人的生存危机，而且以极其严肃的社会责任感揭示了导致西部环境日趋恶化的种种“人”的方面的原因。在生态人类学看来，人类中心主义是造成生态问题的主要原因，但大自然的物质供给也需要考虑。

其一，贫困。

贫困是造成西部生态脆弱的致命原因，而往往为了不再贫穷，不再落后，西部人把安身立命的土地资源作为抵押，在毁坏当下的同时也“出售”未来。1998年第5期《人民文学》发表了麦天枢的《西部在移民》，这篇作品让我们无法忘记有“陇中甲天下”之称的甘肃定西和宁夏西南著名的西海固干旱地区。在这两个地区，自然条件恶劣异常，由于干旱缺水，地上瘦弱的小草从头到脚枯黄无神，伸手一拨拉，便脆脆地断了尖儿。同时，饮水定额供应，每人三天五斤。那么又是谁在制造秃岭？制造干旱？制造贫穷？在定西一个叫张庄的地方，人们在干什么？在铲草皮！草皮是固沙、涵水的优良植被，然而却被人们无情地铲去，因为那里没有树，没有可用作农家能源的烧柴。在这一作品中有一个叫三秋的中学生，每天提着篮子，拿着铲子，把仅有的稀少的植被——草——连根儿连土成片地铲过去。草成了他家七口人做饭、烧水、煮猪食、烧火炕的唯一能源。结果又怎样？张庄周围数十里的沟和坡，成了寸草不生的黄土裸露地带！大地永远无法饶恕这种愚蠢和罪孽！贫穷是可以“遗传”和“承袭”的，对地球选择“清洗”的态度，将直接导致子孙们的新一轮的贫穷。

另一位作家徐刚在《流失的土地》中写道：“1973 年周恩来总理回过一次延安……延安边上，周总理看着浊水滔滔，哭了！他更痛苦的是找不见他熟悉的老乡，原来乡亲们太穷、太破、太寒酸躲起来了，因为干部布置，‘白天睡觉晚上再出来’。”[①] 延安的贫穷，使得曾经为中国革命做出极大贡献的延安人加剧了对生态的掠夺：“延安的树几乎砍光了，延安的土地也快要流光，接着可怕的 1977 年 7 月 6 日，传说中的清凌凌的延河水，照得见未来看得见光明的延河水，喝了一口便可以清心的延河水，突然之间凶相毕露，不顾一切地呼啸而下扑向延安！以每秒 7800 立方米的不可阻挡之势，把王家坪水泥大桥折成两段，位于王家坪的庄严肃穆地再现了延安光辉革命历程的延安革命纪念馆，居然也未能以其无比神圣而力挽狂澜，一样被冲得稀里哗啦。最可惜的是那驮着毛泽东转战陕北的小白马真身标本，也被席卷而去，在洪水里泡了 13 天！”[②] 延安的穷导致了延安的生态进一步恶化，而大自然的报复却是这样凶猛，一切的古迹、人物都挡不住这滔滔洪水！

无论是徐刚还是麦天枢，都在用文学的样式为我们揭示造成生态恶化的原因之一——贫穷。实际上，贫穷不但会造成生态恶化，还会影响道德、伦理，只是西部环境文学的作家在贫穷问题上更多地把它与生态恶化联系在一起，追索它们之间互为因果的恶性循环关系。这是作家关注环境、关注人的生存、关注人的未来的自觉意识。“中国作家对当前社会问题的关注，大概是举世无双的。他们在我与时代大潮共生的崇高感中，不断调整自己的视角，以便能够密切注意社会现实，追踪种种忽来忽去、忽生忽灭的问题”[③]，并思考其中的原委，正如作家徐刚所写：“善恶评判的标准只是角度的问题，在举目四望，无法有出路的时候，作为地球所孕育最高生命的人，尤其是西部人，

① 徐刚：《江海咏叹调》，福建教育出版社，2000，第 50 页。
② 徐刚：《江海咏叹调》，福建教育出版社，2000，第 53 页。
③ 曹文轩：《20 世纪末中国文学现象研究》，北京大学出版社，2002，第 338 页。

只能无限地榨取和盘剥它的母亲——过去我们为巩固一个红色的穷国，而希望它；今日我们为了改变这个红色的穷国，而倍加掠夺它。……贫穷导致抛弃贫穷的疯狂。糟糕的是，我们总是以明日为代价。”[①]是的，因贫穷而榨取土地、破坏生态是以明日为赌注的。为了改变以往贫穷的耻辱，为了满足眼前行乐的荣耀，很多西部人自愿把安身立命的土地作为抵押，他们实际上是在出售未来，提前领取这块土地尚未有能力支付的利息。但是让我们欣慰的是，随着国家脱贫攻坚战的打响，以贫穷为名义的掠夺、破坏自然资源的现象正急剧减少。

其二，贪欲。

贪欲，是人类的丑恶因素，但是又是人性的必有因子。在人类学看来，每一个出生的人，其本质都是兽，只是为了凸显人类是高级动物，我们不会在语言中将一个人出生了表述为“一只兽出生了”，但正因为人也是兽，所以，一切兽之恶性人皆具有，只是人在后天的教育中上升为人性，约束兽性。但是教育无法触及的区域，诸如贪欲、杀戮等现象就会出现。在接触到的很多关于西部的环境文学作品中，作家指出造成西部生态恶化的另一层原因，便是贪欲。徐刚在《宁夏草原的疯狂》中写道：“宁夏地区连续发生了挖甘草的狂潮，为了发财，为了换取外汇，实则是贪欲，数千人对草原疯狂的滥挖使宁夏脆弱的生态环境更趋恶化，马儿庄 53 万亩草场有 40 万遭劫，盐池县 180 万亩草场被毁的达 150 万亩，其中完全沙化的为 20 万亩。”[②]宁夏本来就是西部一个生态恶化的省份，然而面对甘草带来的高额的回报，西部人的理智再一次崩溃。作者深有感触地写道：“这是发生在眼前的中国大地上的最触目惊心的对大自然生态的破坏，从中我们还可以看到震怒之后大自然的报复几乎同时降临——20 万亩草场完全沙化。”[③]沙化后的土地是赤裸的，作家张贤亮曾说，“赤裸的女人是美丽的，赤裸的土地是丑陋的”[④]，但谁都知道，土地的

① 徐刚：《江海咏叹调》，福建教育出版社，2000，第 63 页。
② 徐刚：《宁夏草原的疯狂》，福建教育出版社，2000，第 20 页。
③ 徐刚：《宁夏草原的疯狂》，福建教育出版社，2000，第 45 页。
④ 亮子：《张贤亮谈话录》，花山文艺出版社，1998，第 32 页。

“丑陋”源于人的“贪欲”，而“贪欲”最根本的表现是对金钱的无节制的夺取。作家朱胜利在他的《一个不该出现的事实》中写到这样一个镜头：时间：1987年夏；地点：贵州清镇县鸭池乡小煤窑；一个15岁的男孩，佝偻着上身，几乎是爬着挪出了小煤窑，他的身后拉着两筐煤，他浑身都是黑的，目光迟钝，两年了，他在小煤窑爬进爬出，当记者的镜头对准他时，他的父亲——小煤窑主得意地说：“他每天能给我赚六七元钱。”[①]为了贪欲，这个父亲竟以六七元的底价把自己的亲生儿子“出卖”给了小煤窑！康德说他所敬畏的，一是他头顶上灿烂的星空，一是他内心崇高的道德准则。我们头顶上的星空依旧灿烂无比，而我们许多人内心崇高的道德准则却逐渐滑落，尤其是面对金钱和物质利益时。

1997年第2期《绿叶》中刊载的《绿色走廊在呼唤》一文的作者，向人们进行这样的理性诉说：在塔里木河畔，在塔克拉玛干大沙漠，在罗布泊，1984年前曾有深邃的柳林，同时还有马鹿、野猪、黄羊；1955年前，罗布泊还烟波浩渺，红柳丛生，而就在30年前，到罗布泊考察还可乘橡皮艇进入湖区，见到丰盛的水草和游动的鱼群。而现在罗布泊已完全干涸，湖底成为泥沙盐渍，塔里木河的有些河段已成为没有水的死河，绿色走廊在毁灭，是谁让这生命的绿色走向衰灭？最重要的原因就是自然生态遭到破坏，一些重要的植物红柳、胡杨、甘草等大量被连根挖去当柴烧。无独有偶，作家徐刚也在《中国风沙线》中写到这样一个事实：“青海乌兰县什克乡塞什克村的村委会，在1987年4月7日早晨做出了一个惊人的决定，动员村民砍伐防护林带的青杨树。于是10多名手执斧头、十字镐的青年和中年人一起甩开膀子砍树，这个一向寂静的乡村顿时伐木之声遍野。这一砍，伐下青杨208棵，一条百米防护林毁于一旦，人类为了谋取眼前的利益，甚至为了行一时之贪便出卖了生态。”[②]

西部是干渴的，西部也是荒蛮的。但是，西部就必然地要永远承受“荒

① 朱胜利：《一个不该出现的事实》，转引自徐刚《枯荣家园梦》，福建教育出版社，2000，第56页。
② 徐刚：《徐刚环境文学选》第2卷《枯荣家园梦》，福建教育出版社，2000，第70页。

凉”吗？西部的生态文学的作家们不无痛心地写道：“西部的人们先天具有以荒凉为光荣的禀性，他们自得其乐的笑声中却包含着无尽的自慰。当他们把砍树得来的钱用心数着的时候，脸上的得意神情无异于神灵拂过头顶。但殊不知，他们已在这白花花的钞票中丧送了子孙的性命，也许，他们永不懂得‘皮之不存，毛将焉附’的道理。是啊，‘皮之不存，毛将焉附’，当自然生态都恶化之时，也是人类命运岌岌可危之时。”①

“贪欲”对西部的生态构成了相当严重的危害，西部环境文学的作家们对此做出了令人触目惊心的反映，无论是宁夏草原上挖甘草的疯狂，还是塔里木河畔绿色走廊的消失，无不是以“贪”开始，以“毁人”结束。罗尔斯顿说过：“大自然除了能为人提供物质需求外，还能满足一项更崇高的需要，即能满足人的爱美心理，但自然的美常常被人忽视，而最多的追求了实用。”②不计后果地追求“实用”在很多情况下就是对“贪”的无止境的追求。自然是美的，而如果以“实用”为追求，那么美的因素就会消失。繁茂的胡杨、碧绿的甘草装点了大漠，使得大漠不再显得形影相吊，然而在贪欲的作用下，一切都将不复存在，这是多么可怕的景象！

其三，落后。

西部人是勤劳的、淳朴的、善良的。但一部分西部人却对西部环境问题之严峻习以为常。西部破坏环境的行为，在许多情况下都是一种无意识的行为。他们也许怀揣繁荣西部的良好动机，但它确实饮鸩止渴。破坏环境，也即出售未来。这里很难追究哪一个人的责任，只能说是根源于普遍的环保意识的落后。西部环境文学作家在追究造成西部环境灾难的原因时，对此也进行了深入的揭示。

女作家王英琦在她的《愿环球无恙》一文中，揭示了人们是怎样无意识地、毫不收敛地、毫无愧怍地污染环境。她把这种麻木的、无意识地污染环境的现象称作“人心的污染”。她说：“人类一面对地球对自然尽情勒索吃干榨

① 徐刚：《徐刚环境文学选》第4卷《落叶碎片情》，福建教育出版社，2000，第65页。

② 〔美〕霍尔姆斯·罗尔斯顿：《哲学走向荒野》，花山文艺出版社，1994，第77页。

尽，一面又把垃圾废物扔向大地河流海洋。不妨说，人的心态污染才是最大的污染源！没有人心的污染，岂会有生态的污染？拯救人心，改造人性，才是当代人类走出生存困境的最根本出路。”[①]无数事实证明，并继续证明，在环境问题上，人类最大的敌人往往正是人类自己，正是人类自己环保意识的落后。王英琦痛切地指出：“一切的个人民族或国家利益冲突，都必须有个‘上限’，都必须无条件服从人与自然的关系，都要通向最高的‘善’——尊重并遵循大自然结构，有利于人类地球生态安全。”[②]显然，王英琦在这里呼唤人类环境意识的觉醒，充当了环境意识启蒙者的角色。

作家徐刚在他的《大地备忘录》中，揭示了人们是怎样由于缺乏环保意识给中国最大的咸水湖——青海湖带来了一系列危机。改革开放以来，青海人民为了迅速致富奔小康，在青海湖四周兴建了大大小小数不清的企业，一面无节制地取用青海湖水，一面也无节制地污染青海湖水。青海人民仿佛第一次发现青海湖的旅游资源，于是纷纷对其进行“开发”，游人如织，一面欣赏着青海湖的天然美景，一面破坏着青海湖的天然美景。徐刚在《大地备忘录》中写道：“国人和世界有识之士，都在注视着青海湖，不详预言已如丧钟一样敲响：青海湖将要成为第二个罗布泊。青海湖是纳百川之湖，现在有水流进青海湖的只有 3 条河川了，柴达木盆地的沙化使青海湖倍受燥热、干旱之苦，蒸发与补给失调，水位每年都要下降 10.8 厘米。1988 年，青海湖的鸟岛已成为半岛，鸟的王国对于自己领地的沦丧惶惶不安，而猎枪、汽车旅游者、各种盗鸟贼的入侵，使这个静谧的世界再也不得安宁了。”[③]静谧的青海湖即将被缺乏环保意识的人们所葬送。如果说青海人曾以青海湖作为向世人炫耀的资本，那么，这点小小的资本已面临消失的险境，徐刚在同篇文章中写道：“科学家告诉我：不算悲观的预测，200 年以后，青海湖将成为死湖，鸟岛将成为死岛！除去天然的蒸发因素外，最主要的仍然是人为的恶行，恶的外在代价

① 何西来、杜书瀛主编《新时期文学与道德》，山东教育出版社，1999，第 85 页。
② 何西来、杜书瀛主编《新时期文学与道德》，山东教育出版社，1999，第 87 页。
③ 徐刚：《徐刚环境文学选》第 1 卷《大地备忘录》，福建教育出版社，2000，第 70 页。

是人意识的蒙昧与迂腐。”[①]

（三）为改善西部环境而“鼓”与“呼”

首先是在对人们争取环境权的鼓励上。

西部环境文学以审美的方式呼唤人们的环境权利意识，努力唤醒人们的环境权利感，鼓励因环境污染和生态破坏而受到损害的麻木的人们赶快觉悟起来，维护自己的“环境权”。1972 年在瑞典斯德哥尔摩召开的人类环境会议上通过的《人类环境宣言》中说：“人类有权在一种能够尊严地和福利地生活的环境中，享有自由、平等和充足的生活条件的基本权利，并且负有保护和改善当代的和未来的世世代代的环境的庄严责任。”[②] 徐刚、张韧、阿城、张扬、张抗抗等一大批西部环境文学作家或环境文学评论家无不想通过他们的作品来唤醒人们的环境权利意识，期望西部人为保护自己最基本的环境权而奋斗。报告文学作家张扬在他的作品《谁来为你辩护——环境权利备忘录》中这样写道：“个体的、活着的人都是一种生命存在，生命的存在和发展离不开自然的一些最基本的必需的条件和环境。公民有在良好、适宜的环境中自由、平等生活的权利，此即环境权，环境权是一种人权，也即是一种生存权利、发展权利，如果环境权利得到保护，那么人权也得到保护。”[③]然而，无须讳言的是，西部的许多人对“环境权”这一最基本的人权，却依然像鲁迅笔下“哀其不幸，怒其不争”的阿 Q 一样懵懂无知，就此而言，生态文学家成了疗救他们心灵的“鲁迅”。的确，人类出于自然，就如同婴儿出于母腹。对自己的母亲，我们应当深怀感激之情，用爱和奉献而不是贪求和索取去对待她。的确，人类是万物之灵长，是自然进化历程中最复杂、最高级的生命形式。然而，这并没有给人类任何一种役使自然的权力，相反，它赋予人类一种特殊的责任，那就是善意地对待自然，细心地看顾自然，尽力保持这个世界的丰

① 徐刚：《徐刚环境文学选》第 1 卷《大地备忘录》，福建教育出版社，2000，第 75 页。
② 何西来、杜书瀛主编《新时期文学与道德》，山东教育出版社，1999，第 87 页。
③ 张扬：《谁来为你辩护——环境权利备忘录》，厦门大学出版社，2001，第 25 页。

富与完整。也只有这样，人类才能得到自然丰美的赏赐。然而几十年来，国人不仅抛弃了传统文化中与自然和谐相处的观念，也抛弃了传统心理中敬畏天地的心灵积淀，人成了自然界无所不能的主宰，所谓“人定胜天”，所谓“喝令三山五岳开道，我来了”，就表现了这样一种愚蠢的“大气势”。它毁坏了人与自然的亲情，也使得人对自然之物的无情掠夺和破坏成了常态。对此，作家徐刚说：“我们中国人，是怕掘自己祖坟的，但我们时常忘记我们最早的老祖宗是从森林中站立并走出来的。作为生命物，森林在人类的文明史上是最初也是最美丽的一章，对森林的膜拜曾产生了多少美丽的神话和传说。可悲的是人类生活越进化，越是远离森林，越是不了解森林，正是这一断裂产生了人与自然的全面对抗。”①

值得庆幸的是，在党和政府的领导和关怀下，西部人的环境权利意识在逐渐觉醒和加强，因此，他们之中的先进分子不仅自觉投入改善环境的斗争之中，而且也开始自觉地用法律武器维护自己的环境权利。1992 年《中国环境报》报道了甘肃 5 名退休工人因不满附近锯木厂所发出的刺耳的噪声，一纸诉状将该厂告到法庭，而周围邻居都签上自己的名字，有的甚至盖上自己的印章。这 5 名退休工人的行为，看似平常，实际上却是西部人环境权利意识迅速觉醒的一种体现。因此，它的意义绝不仅仅是一场官司。

其次，榜样的鼓舞。

美丽而又丰满的自然令人心醉，然而为保护西部环境而冒风险的人们的灵魂更是令人难以忘怀。刘杰文的《一位行为艺术家的“另类”人生》一文给我们塑造了一个所谓“疯子”的形象。在四川省南充市，有一位致力于环保事业多年而又颇引人争议的人物，他用装满英语词汇的脑袋思索人与环境的关系，用身体语言书写着环保理论。他在近在咫尺的城市有两套住房，却甘愿苦行僧般地在街头流浪，长年累月幕天席地地生活。他将自己的人生目标定位在处理和利用又脏又臭的城市垃圾之中。他就是谢晓恩，一个以自己的青春为代价展示自己环保理论的行为艺术家。他用自己的行为告诉人们，如果

① 徐刚：《徐刚环境文学选》第 4 卷《落叶碎片情》，福建教育出版社，2000，第 78 页。

人类再执迷不悟，肆意破坏自己的生存环境，那么整个人类将会犹如他一般生活在垃圾之中，蓬头垢面。当地球资源枯竭的时候，也就是垃圾成山、湮没人类的时候。

无独有偶，报告文学家朱胜利在《生命的壮歌》一文中也塑造了近乎“疯子”的环保战士的形象，杨金贵。杨金贵为宣传环保抛妻离子，单骑万里，走遍 30 多个省（自治区、直辖市）、720 个县、5874 个机关团体，拍摄了 1 万多张照片。他用这种热情得近乎“疯狂”的行为告诉人们：面对现代文明的高速发展，在许多地区，工业的相对领先却造成了影响农业发展的环境问题。杨金贵实际上提出了这样一个尖锐的问题：在现代化的进程中，我们这个农业大国的前途何在？我们将如何承载五千年的文明？

珠江电影制片厂拍摄的电影《杰桑·索南达杰》，在全国电影文学剧本评奖时获得一等奖，这部电影，为西部又一位环保战士竖立了一尊永久的雕像：为了保护将要灭绝的藏羚羊，杰桑·索南达杰，一个为“爱”而献身，一个为保护生态平衡而献身的英雄，在倒地至牺牲时还保持着向歹徒射击的姿势。他用对环保事业真诚的爱换取藏羚羊的欢快奔跑。与杰桑·索南达杰有相近事迹的环保人士，还有为保护大熊猫和自然生态，几十年默默工作在四川卧龙自然保护区的田致祥（陈祖芬《一个人、一只熊猫和一座山》），为保护金丝猴而奔走呼告的唐锡阳，为保护塔克拉玛干胡杨而四十年如一日地四处呼吁的李护群（见 1997 年中央电视台播放的《东方之子》）。他们的哲学是：物我同舟，天人共态。他们的口号是：还我自然。黑格尔说：每一哲学都是它的时代的哲学，它是精神发展的全部锁链里面的一环，因此它只能满足那些适合于它的时代的要求和兴趣。我们的时代是多么需要杰桑·索南达杰所奉行的人生哲学和生态哲学，多么需要杰桑·索南达杰、田致祥这样的战士和哲人！

同样，西安电影制片厂又拍摄了一部故事片《一棵树》，写一个名叫朱珠的农村妇女以羸弱的身躯抗争着多蹇的命运，以不屈的毅力植树不辍，花了 20 年时间，竟然将十万亩沙漠变为莺歌燕舞的绿洲。这是西部环保文艺（艺术）所唱彻的又一曲物我同舟、天人共态的还我自然之歌。

最后，自然之美的礼赞与熏陶。

西部环境文学不仅在用触目惊心的事实促进人们环境意识的觉醒（一方面唤起人们的环境责任意识、环境道德观念，另一方面唤醒人们的环境权利意识），而且也充分发挥文学艺术的特长，运用审美方式描绘和通过歌颂西部迷人的自然美景给西部人以自然美的熏陶，启发西部人培养和树立新的环境观、生态观、自然观，建立新的环境道德观。

本来，在“天人合一”的悠久文化传统熏陶下的中国作家和诗人们，就常常喜欢与自然相依。陶渊明的“采菊东篱下，悠然见南山”即诗人闲适心情的一种美好表达，也是对大自然无限热爱的最为朴素的情怀代言，更不用说米芾呼石为兄、林逋梅妻鹤子、李渔嗜花如命了。对自然之物如此迷恋，直接唤醒了人类最初的环境意识。而当代作家同样用优美的笔触，大力歌颂自然之美。刘心武在其《蓝色舞步》中写青海湖：“湖水蓝得动人心魄，而且那么宽阔，那么雍容，那么自在。是一种纯净的宝石蓝，把蔚蓝但显得单薄的天空比下去了。风不大，湖水波动着，却并没有卷起白沫的浪头，酽酽的、荡换着一个个波峰的蓝，让人陶醉，想不出语言来形容，只在心里叹佩着大自然的奇妙……去的那天没见到一只飞鸟，并且湖边没有树丛礁石，湖上没有船舶帆影，视野所及也不见岬角与对岸，就那么汪洋恣肆的一片纯蓝，一直蓝进你的五腑内脏，似乎从那一刹那起，才懂得什么叫真正的蓝色。那是大自然的本色之一。没有受到污染的宇宙蓝。”①

关注西部生态的环境文学作家也同古代作家一样，与大自然有着一种天生的血缘亲情。他们把大自然视为亲人、朋友，把大自然写得那么美，那么有人情味，那么纯真，那么可爱，这对于增强西部人的环境意识，培育西部人对于自然的美感意识无疑是一种美的启迪、美的熏陶。让笔者再引用两位作家对西部自然之美的礼赞，来结束这已显得过分冗长的写作吧！

森林是雄伟壮丽的，遮天蔽日，浩瀚无垠。风来一片绿色的海，夜静

① 刘心武：《刘心武文集》第7卷《散文　游记　随笔》，华艺出版社，1993，第25页。

如一堵坚固的墙。那就是森林，地球尚未造就人类，却已经造就了它，植物世界骄傲的代表。①

那苍兀的高山／悬起西部的灵魂／那美色的湖水／荡起西部的胆魄／那宽广的草原／承载西部的历史／西部的美景，是无法言语的崇高／我想西部是美的自然。②

六　人类学烛照下的生态文学期待提升

生态文学作为一种新的文学品类，虽然已取得重要的实绩，在小说、诗歌、散文、报告文学、电影剧本等方面都有所涉及，但是生态文学毕竟只是一个发展不是太久的文学品类，无论是创作实践还是相关的美学理论、文学批评，都存在诸多不足，有诸多不尽如人意之处。更何况人类学对于它的介入并不多，从生态人类学的角度归纳的文化指对于环境的人类适应模式。将环境作为研究主题的文学人类学观察环境主题的观点遵循“天人合一”的古典人类学概念。此时，并不认为环境可以决定文学的质性。我们也不能否认，大部分文学人类学专家为了强调文学的包容性，具有歪曲的观点，从文化的角度观察文学和环境的关系。由此，提出了环境可能论。可是，从为人类的未来着想的角度公正地观察文化和环境的关系时，我们似乎应该重新回顾环境决定论的含义。就当下的创作状况而言，生态文学殷切地期待提升，这主要表现在以下三个方面。

（一）层次较浅，政策性过强

描写西部环境的作家虽然都有较高的知识层次和文化素养，但是，也许由于对“文以载道”“文学为政治服务”“文学必须干预现实”等文学观念的理

① 张抗抗：《地下森林断想》，载安红霞编著《感动中国的名家随笔》，中国画报出版社，2013，第8页。

② 昌耀：《昌耀诗选》，青海人民出版社，1994，第53页。

解有偏，他们的环境叙事大多过分拘泥于对现实生活中的具体人和事的记载和褒贬，文本一般都带有过度明显的政策性倾向。他们揭示西部环境问题面临的严峻形势，挖掘造成西部环境日益恶化的种种“人文”原因，歌颂西部人治理和保护环境的优秀事迹，都给人以明显的感觉：作者是宣传和捍卫党和政府的环保政策，为中国社会主义建设的可持续发展战略服务。这不仅表现在大部分生态文学都是与党和国家的环保政策同时“出台”，而且作者们反映主要问题所持有的价值取向，所采取的褒贬尺度，也处处与党和国家的政策相一致。不是说作家不应该如此直接，如此具体地反映环境问题，相反，作家的历史使命感、历史责任感值得人们深深地敬仰。但文学毕竟不应该成为政策的翻版，文学在直面现实、配合政策的同时，应该追求超越，应该凸显“文学是人学”的内涵，应该写出环境问题中“人”的灵魂的悸动，同时也应该用人类学的眼光介入这一文学样式中，探讨人在生态环境的发展中所体现的主观能动性。总之，应该提升环境文学的人文层次，不应该使环境文学沦为层次较浅的配合政策的文学“小儿科”。可以断言，我们的环境文学如果不能走出配合政策的浅层次，它的前途是堪忧的。

（二）人文思考不足，文化意味稀薄

大多数环境文学徘徊在配合政策的浅层次上，缺少文学的超越性，带来环境文学的又一缺陷：人文思考不足，文化意味稀薄。在较著名的环境文学作家中，徐刚的作品被称为“小百科式的作品”，其作品内容含义较深，看后令人咀嚼，但仅徐刚等少数作家而已。大多数环境文学作品思辨色彩很弱。不少环境文学作品如徐刚的《大地备忘录》《枯荣家园梦》，张抗抗的《自然·生命·思想》，阿城的《小酒馆》中都有“天人合一”的思想，但对“天人合一”的思想阐释力度不够。其实，儒家所说的“天”，非常贴近现代的“自然”这一概念。荀子说：“天行有常，不为尧存，不为桀亡。”而在儒家的“天人合一”观中，人的自然性与社会性是统一的。《周易·乾·文言》中说：“夫大人者，与天地合其德，与日月合其明，与四时合其序……”因而儒家的“天

人合一”观念就特别强调人与自然的和谐。当下的环境文学作品也大多停留在这一层面上，还没有上升到“道”的理论层次上。“形而上者谓之道，形而下者谓之器。”“天道与人道”之合才是最高的“天人合一”之道。道是一种法则、本质，遵之则顺，逆之则舛。“天道”与“人道”是一致的：伤天总是害人，敬天即爱人；损害天的尊严，往往就是损害人的尊严；以不尊重天开始，往往以不尊重人告终；违反天道，最终将违反人道。当下的环境文学，完全可以在直面现实、针砭时弊的同时，就“天人合一”“天道与人道”“人与自然”等命题及关系，展开形而上的哲学思索，以追求更为久远、更为丰厚的文学价值。

（三）品种单一化，作品规模小

品种单一化是指作品的体裁较单一，多数作品都是报告文学或纪实文学。如在本文中所引用的徐刚、张抗抗、朱胜利等作家的作品，就都属于报告文学或纪实文学之列，而小说、诗歌、散文类的较少。规模小，主要是指作品的规模不大。当然，也可以指作家队伍的规模小，写“环境”的作家，比较著名的，本文中几乎都有所涉及。总的来看，与“伤痕文学”“反思文学”等相比较，作家还是少得多。作家直面现实、针砭时弊的使命感过分强烈，配合政策、服务政策的责任感过分执着，因此他们都喜欢采用规模小、见效快的文学品类。不是说规模小的文学作品就注定价值不高，但对一个有独立意义的文学品类来说，如果一直没有一些意蕴丰厚的鸿篇巨制的出现，它的成就，它的未来，恐怕也是要大打折扣的。

“生态文学”作为一种新的文学门类，是改革开放以来一批“敢吃螃蟹”的作家对我国文学发展和文学事业的一个重要的历史贡献。虽然目前“生态文学”在其发展中还存在这样那样的不足，但它几十年来的劳作，已经结出了较为丰硕的成果，并在揭示中国的环境问题、启迪国人的环境意识、促进中国的环境保护等方面，发挥了积极作用。而人类学的介入，使我们单声部的文学样式迅速成为多声部合奏，从而为生态文学的价值走向、人文参与提供了批判性、前沿性的思考。生态人类学试图探讨人类群体如何适应、塑造其生存环境并伴随此过程形成相应的风俗习惯以及社会、经济、政治生活。简言之，生态人类学希望对人类社会文化作为适应环境的产物做出唯物的说明。这种说明的更大前提便是文学的多重再现。让我们期盼生态文学之树，越长越茂盛！

被掩饰的焦虑与不加掩饰的自亵

——对顽主的哲学人类学解读

1859 年，进化论创始人达尔文（Charles Darwin）发表《物种起源》，系统阐释了生物进化论。1871 年，他又发表《人类的由来和性选择》，明确提出了人类起源于猿猴的观点。达尔文的生物进化论直接影响了进化论人类学的产生。启蒙哲学崇尚个人自由和社会进步，提倡理性、自然、利益、秩序和进步。在这些社会思想的影响下，斯宾塞（Herbert Spencer）提出了社会进化论。这样，以斯宾塞社会进化论为代表的社会进步观，与达尔文的生物进化论一道构成了进化论人类学的两大思想来源。在人类历史发展过程中，对自由精神的追求成为一个永恒的主题。所谓的自由，即人摆脱外在的奴役与限制，努力地追寻个人价值的自我实现，从而肯定主体存在的一种精神状态。“人绝非先存在，随后再成为自由的存在”①（正因为如此，一种先验的政治体式将自由给予时代化定义）。对于这一主题，文学发展的不同时期都有反映，而反映的载体即文学作品中的形象却各不相同。中国当代文学中都梁与王朔笔下的“顽主”身上对自由精神的释放显得异常醒目。这两位作家把顽主们从政治层面推向精神层面，从而寻求自我的实现之路。在无数段青春岁月中，这些顽主都在经历着信仰缺失、青春被误读的群体性悲剧。

---

① 王春明：《人，自由而无用？——〈存在与虚无〉的两条人类学判定及其形而上学基础》，《世界哲学》2018 年第 3 期，第 94 页。

所谓流传于北京方言中的“顽主”一词，在王山的“天字”系列小说（《天殇》《天爵》《天祭》《天罡》）中被解释为：流氓头目，“佛爷”的领袖及保护人。而“佛爷”即职业小偷，“顽主”靠“佛爷”的上贡而生存叫“吃佛”。

德国学者哈贝斯提出“交往行为理论”，认为：“实现交往行为合理化的前提是建立人们共同承认和尊重的规范标准即：人的平等的权利和不容侵犯的‘普遍性伦理原则’，这需交往者参与对规范原则的商谈讨论以及论证来完成。交往行为合理化要求行为主体之间进行没有任何强制的诚实交往和对话，以求建立起相互理解和信任的和谐关系。”①在中国，特有体制下高墙的建立为共和国的下一代人为地划分出两个世界和两种文化圈：大院文化圈和胡同文化圈。他们的合理交往行为被人为地割裂出一道沟壑。根据历史唯物主义观点，人民是历史的创造者和国家的主人翁，然而，“主人翁”并没有参与到“高墙”这条规范标准的建构中来。《血色浪漫》中小混蛋对李奎勇说：“那些大院子弟，杀光他们也不能解我的心头之恨。”②钟跃民对周晓白说：“一看你就是大院里长大的，不像那些胡同里的女孩，取个什么桂枝、秀莲啊，这样的名字俗气。”③从这些主人公的对话中我们不难读出“大院文化圈”的优越感与生活在“胡同文化圈”的人的自卑感，这些情感的源头都是“高墙”这一等级规范的确立。当优越感在某一天失落，而自卑感加强时，双方便会冲破道德自律而走向堕落。

《血色浪漫》中的钟跃民、袁军等一贯衣食无忧的大院子弟随着父母被关押，成为无人管束的青年，靠着居委会每月发放的十五块钱生活费度日。一方面，大院子弟迅速分化，一部分人逃过一劫——父母仍身居显位。钟跃民和这些人一起昨天还是共和国的接班人，而一觉醒来，他们却成为被专政的对象，这种心理上的巨大落差使他们自卑。而另一方面，胡同中成长的孩子，一时间扬眉吐气，钟跃民这伙人骨子里的傲气与天生的优越感使他们难以接受这样的现实。他们在消解自身悲剧的方式上选择了“在北京街头呼啸成群、

① 张法：《20世纪西方美学史》，四川人民出版社，2007，第537页。

② 都梁：《血色浪漫》，人民文学出版社，2007，第67页。

③ 都梁：《血色浪漫》，人民文学出版社，2007，第89页。

身怀利器，随时为微不足道的理由大打出手，他们拍婆子，他们看白皮书或灰皮书，他们有自己的一套仪式礼俗和黑话，在革命的废墟上形成了一种亚文化”[①]。胡同子弟一抬头便开始疯狂地向大院子弟报复。这种复仇意识和长期以来的等级意识与青春期的躁动一拍即合，迅速滑向堕落。“血统论”一定程度上为都梁笔下的第一代顽主们注入了一针催化剂。

纵观都梁笔下的众多顽主形象，我们发现第一代顽主共同经历了从信仰坚定到信仰失落的心路历程。无论“大院文化圈”还是“胡同文化圈”的顽主们，曾经因为政治的需要，在一个和平的年代借助青春的狂热，重温父辈的英雄梦，同时扮演着捍卫无产阶级政权的“准英雄”。然而，历史行进到1968年时，他们一同被排斥到政治运动的主流之外，他们在政治上没有能够依附的对象，同时在家庭生活中他们都存在父亲的缺失，这一点特别重要。“父亲”在特定的文化语境中带有象征意味，从中国的文化传统来看，中国一直是一个父权社会，君臣之间、父子之间有着固有的同构关系，政治上被驱逐，家庭又残缺，大环境到小环境这双重语境中都有着“父亲”的缺席，这一缺席必然导致他们心理的失衡，使他们成为一群“局外人”。美籍哲学家马尔库塞吸收弗洛伊德关于人的生的本能（爱欲）和死的本能（攻击）此消彼长而总能量不变的观点提出：“压抑人的爱欲的本能就会有利于人的攻击本能的发展，使整个社会变成一个攻击性的社会。一切侵略、恐怖、迫害、报复都源于此。”[②]“父亲”的缺失使生的本能遭到了压抑，而攻击的本能随之增长，于是他们在顽主的群落中寻求一种归属，同时被小团体的温馨与仗义冲昏头脑而走向堕落。

将第一代顽主放置于1968年这一特殊的历史背景下就会发现，他们与西方学生运动有着千丝万缕的联系，然而这些中国顽主们却与西方“垮掉的一代”略有不同，他们是提前两年行动的，到1968年，他们早就被逐出了政治的舞台。政治上的失意使他们成为顽主，他们把青春的激情转化为好勇斗狠，

① 李敬泽：《宁可被挂在悬崖上，也别挂在都梁的舌头上》，《文学评论》2004年第2期，第24~27页。

② 张法：《20世纪西方美学史》，四川人民出版社，2007，第509页。

分泌过剩的荷尔蒙使他们在街头巷尾疯狂追逐异性，以往的传统教育被彻底颠覆，甚至连起码的善恶是非、价值评判，也因此而变得模糊不清。这一代人无论从东方到西方，无论是标新立异还是趋同，在这两种表现形式下面除了桀骜不驯，还有另一个特点，就是执着于信念的追求，他们或“以其‘超然冷漠’（躲避），或‘热烈激动’（疯狂）所追求的最后归宿感，并不仅仅是为了寻求消遣……他们都有过一种无家可归、失去价值、丧失信念的深切体验”①。他们试图用多种方式，甚至走向极端来证明自己，对他们来说，没有统一的哲学、组织、立场，因为正统道德和社会观念并不能真实反映他们的生活。正因如此，他们每个人成了一个自我满足的行动个体，不得不以自己的方式面临似乎是一个完全没有希望的社会中年轻人必须正视的问题。

在人类社会发展进程中，社会所设置和承诺的“意义”和“标准”与个人对这个标准的选择与认同，总是处于矛盾之中，特别是在时代变革中。每一个特殊历史背景下思维意识、科学意识、审美意识和伦理文化的全面变化都会引起意义范式的转换，造成时代性的意义危机。“我们到底要什么”这个问题在政治的重负下显现了出来，并成为第一代顽主个体新的困惑与迷茫。这种迷惑可以概括为“没有选择的标准的生命中不堪忍受之重的本质主义的肆虐”。所谓的“没有选择的标准”，正如学者孙正聿所说：“就是规范人的思想和行为的‘标准’，被异化为某种绝对确定、不容置疑、不可改变、至高无上的‘神圣形象’，如欧洲中世纪的规范一切和裁判一切的‘上帝’。对于这个作为‘神圣形象’的‘标准’，人们只能是顶礼膜拜，而根本无法‘选择’。对于这个‘标准’的任何蔑视或置（质）疑，都会被视为离经叛道和大逆不道。生活在这种‘没有选择的标准’之中，人们不能不强烈地感受到一种‘生命中不堪忍受之重’。”② 第一代顽主正是生活在一个以“共相”扼杀“个别”、以“本体”凌驾“变体”、以“统一”排斥“选择”的年代，政治对于社会的要求正是他们“生命不能承受如此之重”的根源。他们本能地向游民阶层无限靠拢，在

① 文楚安：《“垮掉一代”及其他》，江西教育出版社，2010，第381页。

② 孙正聿：《孙正聿讲演录》，长春出版社，2011，第262页。

一个小的范围内选择暴力形式重新安排或协调利益。在那一时代变革中，“革命”被曲解为暴力并且被下一代顽主所继承，成为解决问题最直接与便利的方式。

历史行进到1968年这个特殊年代，走出校门的顽主都在经受命运的捉弄。本来大院子弟要走向军队的阳光大道，却因为父辈的“历史污点”被堵死。他们和胡同子弟一起被送到农村的广大天地中。远离了政治中心北京，面对农村艰苦的生存环境，相同的历史境遇将胡同与大院的顽主紧紧捆绑到了一条船上，之前行为方式的对立也随之消解与淡漠。他们一觉醒来发现自己已经置身于一个根本不需要革命而只求生存的境遇中，他们心中充满了失望和绝望。“顽主”玩什么似乎已经并不重要，重要的是活下去。这时可以说新中国第一代顽主开始走向了集体性的没落。那些高干子弟们随着父辈们或迟或早的解放，成为社会的中坚力量。而像胡同子弟们，大多经历了下乡、返城、失业下岗的生活，也各自找到了各自的社会定位，随着年龄、阅历的增长和世事的磨炼，这些人慢慢走向主流并且主动寻求向主流文化的回归。一代顽主就这样销声匿迹了。然而“在这个时代有一大批具有自由精神的人培育起来了，到了和平时期，这批人觉醒过来，就作为重要的有才能的人崭露头角了”①。但顽主的精神并未随着第一代顽主走向没落而终止，一场精神接力悄然而至。第一代顽主身上的自由精神，桀骜不驯的品质和拒绝成为精英，拒绝成为成功人士，拒绝装孙子，拒绝历史为他们安排的命运和提供的机遇，拒绝在任何一个地方安居而成为背叛者，选择保持与放弃的这种勇气一直在新时期小说中得到继承与发扬。

首先是刘心武的《班主任》中宋宝琦的形象从某种程度上代表一批小顽主的崛起，不难推断宋宝琦和《血色浪漫》中的宁伟属于同一年龄阶层的顽主。这个阶层的顽主是一个过渡性阶层，在第一代顽主风风光光“打天下”时，他们正在做跟班。他们目睹过曾经的顽主一切潇洒的举动，这无形中对他们后来的思维方式和行为准则产生了或多或少的影响。像《血色浪漫》中的宁伟，

① 〔德〕爱克曼辑录《歌德谈话录》，湖南师范大学出版社，2011，第91页。

从小和钟跃民他们在一起，十一二岁便上山下乡，后来参军入伍、好勇斗狠，最后走向犯罪的深渊。这一切除了偶然性的因素外，多少带有一种必然色彩。这些人从严格意义上来说算不上顽主，他们既不同于第一代顽主，缺少第一代顽主成长的土壤，又不同于后来王朔笔下的顽主，是一个过渡性的产物。

80 年代后期到 90 年代初，王朔在他的《顽主》《浮出海面》《千万别把我当人》《玩的就是心跳》《一点正经没有》等小说中塑造了一系列马青式的当代都市顽主形象。作品主人公大多都是被当时拒绝在大学校门之外的无业青年，这群当时社会的边缘人，不事生产，整天混日子，他们贪乐，无意于勤劳致富，愤世嫉俗但不律己自责，所以他们以“玩主”的方式挣一些小钱过日子，以同样玩乐的方式戏弄世人。他们嘲讽一切道德操守，厌弃一切理想追求，认为这些都是奴隶的行为，是自欺欺人的世故，他们自诩天下唯一的真人，以彻底的潇洒为人生。《顽主》中的男主人公于观劝勉赵禹尧说：“听着，我们可以忍受种种不便并安适自得，因为我们知道没有完美无缺的玩意儿，哪儿都一样。我们对别人没有任何要求，就是我们生活有不如意，我们也不想怪别人……”[①] 这是一种拒绝与社会正统观念对话的姿态，在更深层次上是拒绝承担社会责任的自由。这些顽主游走在一切确定的社会关系之外，只以纯粹孤立的个人状态游戏人生。他们唯一接受的关系，就是和他们一样独立自在的同伴和“朋友”关系。与第一代顽主不同的是，他们的选择是一种自主性的选择，而不是迫于种种压力的无奈选择。这种信仰的缺失是自我的放逐与精神的流浪。

在 80 年代后期的中国文化背景下，于观式的顽主是一个新的社会族群，但与第一代顽主不一样，他们不是群体性的存在，而是以不属于任何固定组织的零散化生存标志证明着他们的特殊存在。他们的出现意味着当代中国大一统的社会体制在自身改革过程中排斥出了许多个体，使他们成为所谓体制之外的个体户；而他们自甘于边缘、缝隙中得过且过地游戏人生，又意味着

① 王朔：《顽主》，载高永年主编《中国现当代文学作品精选 · 小说卷》，凤凰出版社，2011，第 490 页。

中国社会中数十年来熔铸成的集体依赖感开始瓦解。这是中国大一统的集体化社会向市场个体化社会转型的萌芽。这些在社会边缘游荡的新人也许将会成为下一阶段商场经济发展的弄潮儿。但现在仍然在庞大的国家集体主义的体制下，成为完全未定名的“无名者”。更重要的是与第一代顽主相比，同是被体制排斥的零余者。王朔的写作文本认同并看好了他们顽主的境遇与心态，王朔看到了个体与社会整体的分裂、个体意识与传统观念的分裂，并且站在个体的位置反对社会整体、反对传统。王朔绝对化了个人存在，把个人视作社会整体外的独立存在实体，他的顽主是这些实体的偶像。

让个人的世俗化欲望无限制地张扬和膨胀是他们的主张，如果说随着市场经济的全面发展，社会生活不可避免地向世俗化及个人化的方向转型，如果欲望的张扬是一种社会趋势，那么王朔笔下的顽主们便先声夺人地表达了个人的欲望，而且他们把拒斥和诋毁社会精神价值作为个人欲望伸张的前提。这一代顽主告诉人们：人生是没有意义的，一切意义的追追和理想都是丑恶和可恨的。欲望是顽主们向人文精神复仇的工具。如果说反对集体主义政治对人的禁欲主义压迫是中国现代化发展的必然前提，但若从反对禁欲主义走向彻底地反对精神价值，无限制地扩张个人欲望，展开一条自我放逐的虚妄道路，那么就包含着酿造社会精神危机的思想毒素，这样的价值观是必须批判的。

都梁笔下的第一代顽主与王朔笔下新时期的顽主有明显的不同。都梁过多地从制度或政治层面入手来表达个人存在的无限权力，而王朔却本着“一种反本质的策略”[①]，着重从精神层面入手。作家余华在20世纪80年代的先锋写作中，表达着强烈的“无父”与“弑父”的冲动，但在90年代的写作中，却开始了“寻找父亲”的历程，完成这种回归，印证了他从暴力与血腥的“口腔文学”进入人性温存的写作轮回，而这些却与信仰无关。与他形成区别的是王朔与都梁笔下顽主的思想历程。都梁笔下的顽主经历了从“父亲”在场到“父亲”缺席的过程，所以内心有一种求而不得的失落。王朔笔下的顽主一开始便

---

① 陈晓明：《表意的焦虑》，北京文联出版社，2000，第45页。

以“弑父”性的狂欢宣告了他们独特的文化立场，毅然斩断了与传统的联系，公开宣称自己是喝着狼奶长大的。“‘父亲’对于这一代人来说，只不过是陈腐、过时、保守、可笑、浅薄的象征。总之，无论在何种情境下，他们都拒绝承认自己与父辈的文化血肉联系……”[①]都梁笔下的顽主承担着“没有选择的标准”的“生命中不堪忍受之重”。而王朔笔下的顽主却是过多地承受着“生命不堪如此之轻”，过着“没有标准的选择”的生活。都梁笔下的顽主们经历了从有信念到信念崩溃的蜕变，他们努力实现自我价值；而王朔笔下的顽主努力实现对价值的消解。都梁与王朔笔下的顽主相同之处在于，他们都选择了顽主形式所具有的自由精神与在否定中探索的精神，而这两种精神正是这两类顽主共同提供给后人的一笔宝贵的精神遗产。

无论是王朔、王山、都梁、余华，都在表述这种不同年代信仰缺失的表现形式，都是对成长经验的书写，都是表述青春的疼痛，这些被误读的青春以个性张扬的方式表达自我存在的理由与依据也在为成长的青春买单，但个体付出的代价是沉重的，其中政治制度的影响极其巨大。所以他们的思想与行为是可以理解和阐述的。但从人类学角度看，以上对顽主的分析又是政治的产物。当政治与人的主体走向、思维意识联姻时，我们就看到政治人类学的种种质因。从人类学的发展阶段来看，人类学在相当长的历史时期中是记述表现人类社会风土人情的学科，人类学对政治生活的关注也经历了一个从无到有的过程。在文化人类学产生之前的 18 世纪末至 19 世纪这一阶段，人类学研究中涌现出开始重视人类社会中存在的非正式权力现象的人类学者，人类学展示了政治化的倾向，文化人类学之后，政治化的倾向越发明显。文化人类学阶段，人类学研究与政治的结合催生了文化人类学的分支学科，即政治人类学。政治人类学的研究对象主要在于国家社会中，政治权力的运作与亲属制度、继嗣等分不开的关系。新政治人类学打破传统政治人类学学科时间、空间的界限，将研究对象聚焦于人类学社会“权力”的产生、分配和异化，在新政治人类学之下，人类学和政治学交汇融合、取长补短，为人类社

① 王世诚：《向死而生：余华》，上海人民出版社，2005，第 205 页。

会“善”的追求而不懈奋斗[①]。而文学本身就是追求“善”的学问，政治本身也是趋“善”的，作为政治制度的衍生品——顽主的时代性，对自由的存在和虚无的追求恰恰也是文学的内容之所在。

① 徐勇：《人类学与政治学的交融：新政治人类学的“权力逻辑”》，《齐齐哈尔大学学报》2018年第1期，第39～42页。

前奔与守望

——寻根小说中的人类学元素

寻根小说是新时期文学中重要的文学与文化现象，在这一思潮中有大量民间习俗的潜伏，也具备大量人类学因子，我们以扎西达娃、余华、苏童等的典型性文本为例，来铺展寻根小说中的民俗特色，揭开寻根小说的信仰习俗、巫傩习俗、鬼异文化等民俗学植被，肯定其在物质化时代对精神厚度和人文底色的守望。

在中国当代文学的整体格局中，20 世纪 80 年代后期以来的新时期文学真正意义上带来了文学的“百花齐放，百家争鸣”，伤痕文学、反思文学、改革文学、寻根文学、新写实文学、先锋文学等文学思潮不断涌现，一时间，文学的多样性与繁复性明显地凸显出来，而在如此多的思潮中，寻根文学的特性表现得非常明显。寻根小说作家对文化的挖掘可谓是全面和深刻的，而寻根作家更是身体力行地走入民间去寻找和挖掘滥觞于民间的生命能量，继续刨除那些丑陋的文化元素。于是，贾平凹回归商州，扎西达娃走入西藏，韩少功流连湘楚，余华执迷都市，李杭育徘徊在葛川江。正是作家们对于传统文化和民族精神认同或反省，并将这些都投射在他们那融合了传统和现代，特别是富于想象力的艺术风格中。在寻根作家的作品中，人类学的元素总是不断渗透其中，其中民俗便是重要的元素。“所谓‘民俗’，即指创造于民间又传承于民间的具有世代相习的传统文化现象。它是一种模式化了的行为准则和生活方式，是一种社会的规范体系，是在长期的历史发展过程中积淀下来的、代代相袭的民众惯习。”[①] 英国女民俗学家查·索·博尔尼在其《民俗学手册》一书中将民俗划分为三大类，即信仰与行为、习俗、故事歌谣及俗语等。无论民俗如何被划分，散播在寻根小说中的民俗已然孕育其中。信仰习俗带给我们的力量、巫傩习俗带给我们的神奇与迷信、鬼异文化带给我们的惊悚，都在新时期以来的寻根小说中并存不悖，并通过这些民俗现象的描写将文化人类学加以凸显。

一　魔幻现实：扎西达娃小说中的信仰习俗

在民俗的整体构成中，精神民俗是各民族民俗中重要的组成部分。精神民俗是在历史长期发展过程中，社会大众群体自发产生的关于神灵崇拜的观念、行为、禁忌仪式等信仰习俗惯制，或称为民间信仰。纵览人类社会精神民俗漫长的发展与演化过程，不难看出，人类社会早期形成的以万物有灵观为其思维基础的原始宗教信仰，始终与人类社会后世的精神活动以及形形色色的民间信仰意识黏连在一起。因而研究人类社会的精神民俗，不能不与信仰习俗发生必然联系，而这些往往又与包含自然崇拜、动植物崇拜、图腾崇拜和祖灵崇拜的原始信仰密切相关。寻根小说作家扎西达娃的作品中便有信仰习俗的展现。

扎西达娃是寻根作家群中少数民族作家的个中翘楚，尤其是对西藏文化的揭示和凸显方面。西藏，作为藏传佛教的发祥地，作为中国西部的巨大高地，也作为地球上最年轻的山地，在漫漫历史长河中，弥漫着宗教文化的神秘气息，神话、传奇、禅宗在这块高地层层笼罩。就是这样一个地带，生活着充满谜、充满魅惑和生机的人们，并且成为魔幻意识的发源地。如何反映这片土地上现代人的生活？如何揭示生长在这片土地上各民族心灵的奥妙呢？扎西达娃，这个土生土长的藏族青年开始了他的探索，以藏民族原始生命的眼光来描写，开始创作魔幻现实主义作品，引起了西藏文学上的一个变革，

① 江帆：《生态民俗学》，黑龙江人民出版社，2003，第 12 ~ 13 页。

使西藏魔幻现实主义作品走向全国，引起极大轰动。他的许多作品充满了对神的信仰。其在《骚动的香巴拉》中写道：“拉萨巴廓的祖拉康广场忽然变成了一片浩瀚的红海洋，从西藏各地云集而来的上万名身穿绛红色袈裟的僧人盘腿坐在广场上，一年一度的西藏祈愿大法会已进入到了辉煌的高潮……拉萨城万人空巷，十多万居民们都涌入不足两平方公里的巴廓城区里，被庄严盛大的宗教节日的气氛所感染，一齐发出莫名其妙的大喊大叫……人们从嘴里喊出一声‘神必胜！’的呼唤，苦难也就从他们心中抹去一分。”①这种“神必胜”的呼唤是人们宗教意识外化的语言表露，“扎西达娃依靠他特殊的民族身份，重燃古典欧洲式的文学中的宗教之火，领人们去品味早已失落了的纯粹的毫无功利的宗教情感”②。也正是对于“神”的宗教般的信仰，使得扎西达娃的作品保留了难得的一片净土。虽屡受现代文明的洗礼，但这种深入骨髓的宗教信仰，不但使扎西达娃的宗教毅力顽强，而且使我们深入理解了藏民族虽然生活在严酷的自然环境中，但依然顽强与乐观的精神力量的源泉。

《系在皮绳扣上的魂》是扎西达娃充满魔幻现实主义的作品，在两条线索的交织中我们依然看到信仰的力量。虽然面对着民航站、太阳能发电站、德国进口大型集装箱的车队、电脑程序设计图案的地毯厂、有五个频道的地面卫星接收站这样现代化的的生活，但人们对于神的念想与对于香巴拉的信仰与期待却一刻也不曾远离。在作品中，扎妥寺的第23位转世活佛桑杰达普快要去世了，他的瞳孔正慢慢扩散，他想起了“香巴拉”战争，在世界末日到达时，总会有一些幸存的人被神救上天宫，于是，世界再次形成时，宗教又会随之兴起。扎妥·桑杰达普躺在床上，进入幻觉状态后，跟眼前看不见的什么人在说话：“当你翻过喀隆雪山，站在莲花生大师的掌纹中间，不要追求，不要寻找。在祈祷中领悟，在领悟中获得幻象。在纵横交错的掌纹里，只有一条是通往人间净土的生存之路。”“两个康巴地区的年轻人，他们去找通往

---

① 扎西达娃：《骚动的香巴拉》，作家出版社，1993，第383～384页。

② 曹文轩：《20世纪末中国文学现象研究》，北京大学出版社，2002，第110页。

香巴拉的路了。”[①]

可以表述的是，虽然扎西达娃写《系在皮绳扣上的魂》类似于塞万提斯用《堂吉诃德》来反讽骑士小说，但无论是桑杰达普活佛对于香巴拉的向往，还是两个康巴人对于香巴拉路的寻找，都在外在的现代生活的包裹下渗透着浓浓的宗教信仰。虽然作者试图告诉人们藏区人需要早日踏上“四化”之路，接受现代文明的熏陶，但是深深打动读者的却是那充满神秘色彩的向往神的世界。小说中的“我”让主人公塔贝和琼从编号的牛皮袋中走出来，一同去“香巴拉”，他们每走一天就在皮绳扣上打个结，当塔贝被拖拉机撞死的时候，琼腰间的皮绳扣已有一百零八个，它正好与塔贝手腕上念珠的颗数相吻合。这种神奇的吻合不是偶然，预示着主人公对一百零八种烦恼的抛弃，也是一个民族对宗教虔诚信仰的印证。

二　巫傩观念：《碧奴》的民俗乡土性

在图书出版史上，这项由英国坎农格特出版社发起的“重述神话”无论从何种角度而言都应该是值得记录的一笔，全球包括英、美、中、法、德、日、韩等三十个国家和地区的知名出版社参与了这个跨国出版合作项目，集中了包括大江健三郎、玛格利特·阿特伍德、齐诺瓦·阿切比、托妮·莫里森、翁贝托·艾柯等一批由诺贝尔奖、布克奖获得者在内的世界著名作家，其中苏童所写的《碧奴》便是“中国卷”中分量极重的一部。苏童，许多评论者将其归入“先锋派”作家行列，但苏童的许多作品都带有乡土民间性，而乡土性又是我们的“根”，实际上中国新时期许多作家不可能绝对归入一个单一的小说流派或思潮中，往往是你中有我、我中有你的共存方式。在《碧奴》中，苏童带读者回到了遥远的古代，以其丰富的想象力为读者重现了一幕幕令人目眩神迷而又惊心动魄的精彩场景，富有魔幻色彩和浪漫情趣。世间最瑰丽、

---

① 中国作家学会、《小说选刊》杂志社选编《中国当代短篇小说排行榜》（上卷），漓江出版社，2004，第 528 ~ 529 页。

最奔放的想象力往往来自民间，苏童的《碧奴》之所以对读者产生巨大的魅惑力，很大程度上得益于植入文本中的巫傩观念和通灵观念，得益于小说对中国民俗记忆的复活和现代性转述。在《碧奴》中，碧奴为了生存练就九种哭法，比如用头发哭、用脚哭、用手哭、用乳房哭等，并且她坚信自己是葫芦变的，来世还将化为葫芦，在为丈夫送寒衣前为自己举行葫芦葬礼，在寻夫途中遇到困难时装女巫吓走顽童，最后碧奴在一群青蛙的带领下登上了长城，作品中诸如此类的描写为我们展现了一片巫性十足、神秘叵测的民间乡土大地。

民间又与乡土密切联系，由血缘、地缘等形成的乡土性丰富了民间的多重含义，并在不断畅快的民间呼吸中延伸着民俗无处不在的触须。在乡土的社会中，浓缩着先民“安土重迁”的人生理想与不断反省的小农意识本分，在不断畅快和活跃的小农意识中，中国人总是对未来充满希冀，但又安于现实，这种夹缝生存的生活方式呈现生之快乐、死之坦然的生存皮相，安抚自己，又在祭奠先灵，这就是乡土，也就是民俗的诞生源地。苏童在《碧奴》中将民俗背后的乡土性表述出来便成为一种必需。所谓巫术，无非是借助外物更强大的灵力来对付可能出现的或已经出现的灾祸和困厄。而其中通过药物来达到祛厄驱灾的目的是常用的巫术之一。“北山下的人们至今不能哭泣……大多心灵手巧的妇女掌握了止哭的巫术，她们用母乳、枸杞和桑葚调成汁喂食婴儿，婴儿喝下那种暗红色的汁液，会沉溺于安静漫长的睡眠中。冬天她们用冰消除婴儿的寒冷，夏天则用火苗转移婴儿对炎热气候的不适感。”[①]苏童的这段对于当地妇女制止婴儿哭泣的习俗和转移寒热的民间偏方却与“巫”这样一种乡土模式相连。苏童在《碧奴》中又写道：“柴村的女儿经其实是一部巫经，神秘而阴沉。一个女巫的村庄……在丧子失夫的时候，她们也习惯用乌鸦的粪便掺和了锅灰，均匀地涂抹在眼角周围，无论再深再浓的哀伤，她们也能找到一种阴郁的物品去遮蔽它……”[②]在这里，苏童对柴村女子遮蔽忧伤的方

① 苏童：《碧奴》，重庆出版社，2014，第6~7页。
② 苏童：《碧奴》，重庆出版社，2014，第8页。

法，以及柴村女儿的巫经都做了很好的描述。

鲁迅曾对中国乡土的巫性特征做过高度概括：“中国本来信鬼神的，而鬼神与人乃是隔离的，因欲人与鬼神交通，于是乎就有巫出来。”[①]与原始宗教不同，原始的巫术是依靠“超自然的力量”，用一套神秘动作或符咒来影响或控制事物或环境，以实现某种愿望的宗教行为，它通过法术、仪式作用于客体，满足主体的心理需求。卢卡契认为，原始巫术“是一种幻想的技术，用以弥补实际技术的不足，相当于生产的低级阶段，主体对外部世界只有不完全的了解，因此，以事先施行的祭仪作为实际活动获得成果的原因”[②]。

乡土世界中的人们普遍信仰灵魂不死和万物有灵的观念，并且将人的困厄与悲愁也寄托在巫上，使得在民间的社会中巫的观念无时不在，无处不有。只要踏入乡土便会感受到巫之风。苏童的《碧奴》中的北村止哭和柴村遮蔽哀伤之法，其实际也是借巫术中的药物来祛厄或者说安慰自己痛苦心灵的方式。看似怪异的民俗背后其实隐藏着民间乡土性的秘密延伸。在中国这个五千年文明古国的背后，除了彬彬有礼、以“仁”为核心的儒学以及四大发明的贡献之外，我们也应该看到裹脚等种种弊端。因此，生活在这样一个文明与愚昧、现代与古老、乡土与都市并存的国度，我们无时不在体验民风民俗和民韵民殇。只要踏入乡土，就会体验到那种裹挟着血缘、地缘的乡土气息。社会学家费孝通说：“血缘是稳定的力量。在稳定的社会中，地缘不过是血缘的投影……”[③]血缘呵护着人脉，地缘联结着人情。血缘与地缘的联结就构成活跃的乡土社会，在中国这样一个农业人口占绝对优势的国家，由于缺乏现代文明的滋润，中国乡土社会依然保持先民遗留下的原始信仰、原始巫术和原始禁忌等观念形态的民俗，并积淀为一种普遍的心理结构和思维定式，维系着人们的日常生活。

“与文学不同，其他人文学科如文化学、历史学、社会学、语言学等，似乎只关注民俗事象本身，而有意无意地抽取和排斥民众的存在以及在日常生

① 鲁迅：《中国小说的历史的变迁》，载《鲁迅全集》第8卷，人民文学出版社，1961，第319页。

② 〔匈〕乔治·卢卡契：《审美特性》第1卷，徐恒醇译，中国社会科学出版社，1986，第65页。

③ 费孝通：《乡土中国》，生活·读书·新知三联书店，1985，第72页。

活中的主导性地位。从这个意义上讲，唯有文学描写的风俗才是真正意义上的民俗。”[①]因此，作为中国当代文学中重要思潮的寻根文学，自然地与民间习俗产生了深刻的联系，体现了文学与民俗的深刻联系和天然姻缘，并影响了当代文学的发展，也增加了寻根文学的厚度和人文气息。在中国社会这个特定的历史境遇中，寻根文学具有鲜明的时代特征和启示意义，不只停留在揭示民俗记忆的层面上，更重要的是告之信仰的终极力量，在今天这个经济腾飞、物欲横流、真爱难寻的现实中，也许这种信仰的力量更能为我们带来永恒与守望。我们可以没有巫术，可以不信鬼，但总是冥冥中感到那种神的影响，“人在做，天在看”的隐秘魂幡时时触动我们良心的底线，使我们懂得敬畏，守望良知。新时期以来，寻根小说作家们以文化概念取代政治概念，重新认识与解构了民族文化精神，通过揭开寻根小说的民俗学植被，守望寻根小说的民俗记忆并以此延展自鲁迅以来从未间断的对国民性的剖析。

① 张永：《民俗学与中国现代乡土小说》，上海三联书店，2010，第6页。

人性语境

激流岛上的飘魂　童话王国的侍者

——顾城与诗

顾城，1956年生于北京，1993年死于新西兰激流岛。在顾城37岁极短的人生中，这位拒绝长大的诗人用他的实际行动探索着诗歌的边界，在一个理想主义营造的潘多拉魔盒中砥砺远行，力图达到俗世所不能到达的最远里程。

顾城，这位被舒婷称为“童话诗人”的天才作家，其一出生似乎就与平庸无缘，直奔诗歌。8岁就能写诗，虽没有曹植七步成诗的惊艳，但顾城的诗歌所散发出的光芒丝毫不逊于曹植。在那个物质极度短缺的年代，乌托邦的诗歌反倒成了顾城借以充饥的面包。“云朵与土地的对话”“瓢虫和蚂蚁的私语”陪伴着顾城单纯迷茫的青春岁月。

也就是在十年动荡期间，顾城随父亲顾工去渤海滩头牧猪，也就在这碎沙满地的偏僻之地，13岁的顾城用手指写下来一首诗——《找寻》：

> 我在阔野上，在霜气中找寻春天，找寻新叶，找寻花丛。
>
> 当天大亮冷雾散尽我只找到一滩败草，一袖寒风……[①]

---

① 姜飞：《感性的归途——阅读20世纪中国文学经典》，四川人民出版社，2003，第285~286页。

一个13岁的孩子找寻春天，应该找到什么？虽然不会幼稚到问“春天在哪里”，但是13岁的年龄找寻一年中最美丽的季节，应该找到朱自清的《春》中的景色，应该找到小花小草，听到鸟鸣。然而顾城找到的却是“一滩败草，一袖寒风”，这哪是一个13岁的翩翩少年，倒像是一个“风萧萧兮易水寒，壮士一去兮不复还”的萧瑟刺客。13岁的顾城，内心埋藏的成熟与对那个不透明世界的拒绝了然纸上。在批判中成熟，又在拒绝成熟中走向虚妄的精神天堂，在顾城写给姐姐顾乡的那首《铁铃》中，这种成熟的悲哀宣泄开来：

> 我们不去读世界，世界也在读我们
> 我们早被世界借走了，它不会放回原处了①

西哲云：人生最大的悲哀在于，你出生了。这句话暗合了顾城的这首诗，我们每个人一出生就已经不属于我们了，我们被裹挟，我们被要求，我们被指认，我们赤裸裸来到这个世界上，又有谁真正能无牵挂、无遗憾地走，所以我们出生就“被世界借走了，它不会放回原处了”。无论是小学生还是大学生，无论你想不想学习，想不想工作，你都会被拉上人生的战车，直到终点，中途有人会下车，你也不能知道谁会陪你到老，但你本人却是在终点站下车，无论你愿不愿意，“世界也在读我们”。顾城的诗歌直指人生的荒诞。村上春树在《1Q84》第三卷中，描述主人公天吾在病床前读了《走出非洲》的一个段落给父亲听：

> 雨季后的几个月里，那凉爽无云之日，令人回想起大旱的灾年。在那些日子里，吉库尤人常把他们的牛放在我房子周围吃草。他们中有一个男孩，随身带着笛子，时不时地吹奏短曲。当我又一次听到这种曲调，不由记起过去的某一时刻——痛苦与绝望交织的时刻，泪水渗着咸味的时刻。可同时，我又在这笛声之中惊喜地听到一支充满活力、格外甜蜜的歌。莫

① 姜飞：《感性的归途——阅读20世纪中国文学经典》，四川人民出版社，2003，第294页。

非是那些艰难岁月蕴含着这活力和这甜蜜么？那时，我们都正年轻，洋溢着满满希望。恰恰是在那些漫长的时日里，我们所有的人融成一个整体。将来就是到了另一个星球上，我们互相都能认出来。那里万物都互相呼唤：自鸣钟和我的书本在呼唤，草地上瘦骨嶙峋的牛群和哀伤的吉库尤老人在呼唤："你当年也在那里，你也是恩戈庄园的一部分。"那个灾年终于赐福于我们，又流逝而去。①

生命本应如此前行，在净化中充满活力和甜蜜。然而在现实生活中，尤其是在今天我们这个物欲横流、人性蒙垢、亲情淡漠的社会中，我们更能体会到顾城诗歌的当代性，也感同身受地领会顾城诗句"睡吧！合上双眼 / 世界就与我无关"的生活之痛。顾城在批判中走向成熟，诗歌的哲理性日益凸显。

1971 年顾城从渤海回到北京，一边投身到街道服务所，刷墙、拉锯、刨树、刷油漆，甚至爬到楼顶去刮烟灰、铁锈；一边又在饥渴地阅读小说、诗歌、哲学、科学等书籍，弥补自己缺失的岁月。对世界的感同身受与天才般的智性，凝聚在 1979 年顾城居所斑驳的墙壁上，一首影响几代人的经典诗歌《一代人》成形：

黑夜给了我黑色的眼睛
我却用它寻找光明②

这 18 字的极短篇幅成就了顾城的哲理名篇，"黑夜"既预示着十年动荡的慢慢长夜，也喻示着顾城本人所走过的人生黑夜。"黑色的眼睛"本应寻找光明，然而第二句诗句的"却"成了一个异样的转折，光明没有找到？抑或是曲折找寻？这首诗歌有着北岛诗歌《回答》的怀疑与否定，"我不相信天是蓝的 / 我不相信雷的回声 / 我不相信梦是假的 / 我不相信死无报应"，也有

① 转引自张定浩《竭尽全力的轻盈》，上海人民出版社，2018，第 181 页。
② 姜飞：《感性的归途——阅读 20 世纪中国文学经典》，四川人民出版社，2003，第 294 页。

着食指《相信未来》的坚定，“我相信未来人们的眼睛 / 她有拨开历史风尘的睫毛 / 她有看透岁月篇章的瞳孔”。否定与坚定，冷静与热切将矛盾、黑白颠倒的那个时期暴露无遗。这“一代人”掌握不了过去与现在，但不能掌握未来吗？食指说，“用孩子的笔体在凄凉的大地上写下：相信未来”，相信未来，相信下一代会找寻到光明。也许就顾城而言，拒绝长大的他终究找到的是“一滩败草，一袖寒风”，但这首诗却给无数处在迷茫期的那代人，带来了希望，浇筑了理想，与食指的《相信未来》有异曲同工之妙。难怪，这首《一代人》的诗句成了那个年代大学生求职简历上的热门语句。对顾城而言，1979 年注定不平凡。

1979 年，顾城在火车上邂逅了才女谢烨。那个年代的绿皮火车，时速慢，长途旅行动辄几十个小时，慢，是那个年代的关键词，但慢的好处就在于有时间去欣赏、去体味生活之美。作家木心说：“从前书信很慢，车马很远，一生只够爱一个人。”（出自木心的《从前慢》）。今天我们什么都快，快餐、高铁、EMS……我们来不及看清楚对面的人，人已经下车了，我们来不及谈恋爱，已经同居了……结果呢？回忆变少了，感情淡薄了，斯人远去了。从前的绿皮火车座位面对面，仓央嘉措的诗句很好地表述了这种尴尬的情愫，“你看与不看，人就在那里”，那时没有手机，没有电脑，不看书，一切就在注视中度过，男女相看，关关雎鸠。顾城与谢烨相逢于火车，诗句“金风玉露一相逢，便胜却人间无数”也难以形容顾城内心的欣喜，一对诗坛上的金童玉女就此诞生。1979 年 8 月，顾城写给谢烨一封情书：

烨：

收到你寄出的避暑山庄的照片了，真高兴，高兴极了，又有点后悔，我为什么没跟你去承德呢？斑驳的古塔夕阳孕含着多少哲理，又萌发出多少生命，无穷无尽的鸟没入黄昏，好像纷乱的世界从此结束，只有大自然，沉寂的历史，自由的灵魂。太阳落山的时候，你的眼睛充满了光明，像你的名字，像辉煌的天穹，我将默默注视你，让一生都沐浴着光辉。

我站在天国门口，多少感到一点恐惧，这是第一次，生活教我谨慎，而热血却使我勇敢。

我们在火车上相识，你妈妈会说我是坏人吗？[①]

在那样一个怀揣理想的年代，顾城的这封情书轻易地击碎了理想主义者谢烨的内心防线，相恋四年后，这对郎才女貌的诗坛情侣结为夫妻。生活似乎就进入了平常人家的日子，柴米油盐酱醋茶，然后慢慢老去，然后……然而对于这位拒绝长大的诗人，一个“任性的孩子”，一个24岁还写出“集合起星星、紫云英和蝈蝈的队伍 / 向没有被污染的远方 / 出发”的诗人，注定没有了然后……

早年成名的顾城周围，已经围绕着大批的崇拜者，今天叫作粉丝。其中一个原名叫李英，在顾城笔下名叫英儿的女子，走入了顾城的生活并一路追随去了顾城夫妇前去的新西兰的激流岛。对于这个行为，虽然李英本人说，她是去寻找恋人刘湛秋，但我们看到的是她介入了顾城的婚姻生活，并长期影响顾城的精神世界。如果是一位成熟的男子不小心犯了错，也许我们可以原谅。我们无数次地在现实生活中问过女性，你能承受男人哪一类型的出轨？身、心抑或是身心？其实问到最后都是哪一个类型都无法承受，只是能不能原谅，怎么原谅。对于顾城来说，自私的他幻想着在新西兰激流岛上过着古代文人般一妻一妾的幸福生活，并且两位女子还要相敬如宾，没有争吵。乌托邦式的幻想被激流岛上鸡零狗碎的泼烦日子打破，随着英儿的离去，随着谢烨的心灰意冷，执意分离走到了本次列车的终点。1993年10月8日，本应拿笔的诗人顾城却拿起一把利斧朝着侍奉他10年之久的谢烨砍去，并继杀妻后悬颈自尽，一个诗坛的神话就此破灭在新西兰的激流岛上，而他们合作写的小说《英儿》还未出版。

叙述到此，沉重感弥漫全身，究竟怎么了？一个才华横溢的诗人怎么就成了杀人犯？一桩人人夸赞的婚姻怎么就这样血淋淋地收场？难道就因为这个叫英儿的女子吗？她承受得起生命之重吗？顾城和谢烨本人是否应该担负

① 姜飞：《感性的归途——阅读20世纪中国文学经典》，四川人民出版社，2003，第287页。

起各自的责任？斯人已去，太多的伤感无助于理性的思考，拨开尘封的历史，功过是非终究尘埃落定。在笔者看来，原因有以下几点。

第一，顾城变态的自私。顾城一直是一个活在“太虚幻境”中的诗人，顾城坦言他的心理年龄从未超过十几岁，所以他在自己诗歌的世界随意挥洒，他是诗歌的王者却是生活的白痴，他能幼稚到极点，也能深刻到顶点。他的骨子里是悲观主义的，即使给谢烨的那封情书也是“站在天国的门口”，顾城的著名诗歌《远和近》“你 / 一会看我 / 一会看云 / 我觉得 / 你看我时很远 / 你看云时很近”，读完后我们没有感受到这是情侣热恋的诗歌，相反，却感受到一种人与人之间的隔膜，可以说顾城的热恋来去匆匆。顾城为了过上“一妻一妾”的生活是坚决不要孩子的，喜欢孩子的谢烨第一次流产了，第二次却瞒着顾城生了下来，并取名小木耳。然而顾城是不喜欢的，所以哪怕孩子从沙发上掉下来，他也是不管的。自私的男人无视孩子的存在，但这都没有达到自私的顶点。新西兰激流岛拮据的生活顾城是不知道的，因为善良的谢烨为他打理了一切，对美好事物的变态占有欲才是这出悲剧的导火索。英儿一直从属于“妾”的地位，顾城一直把她当作情人，当作生理意义上的女人，面对英儿的离去，顾城感受到的是伤感，是痛苦，他内心最爱的是谢烨，他不允许谢烨沾染人间烟火，他不愿意看到谢烨成为一个俗世中的女人，和另一个女人终日争吵，所以他感觉谢烨变了，不再是火车上的才女。谢烨出走触到他内心的底线，虽然他还是一次次将善良的谢烨追了回来，但从未想过改变自我的顾城，终究想离开这个世界，这个世界似乎已经不再被他掌控，这个“任性”的孩子就像一个玩坏玩具汽车却无力修复的孩子。他想走了，但他要带走妻子谢烨，他不想她在俗世中“沉沦”，我走，你也得走。所以，那天早上，当谢烨最后一次出走，顾城故伎重演地追回她时，她再也逃离不出顾城的手心了，“昔人已乘黄鹤去，此地空余黄鹤楼”，所以不是每次邂逅都是浪漫的，不是每一次相遇都是美好的结果，有些爱情之花注定是恶之花。变态的自私必将带来怪诞的思维逻辑，最终造成匪夷所思的结果。

第二，谢烨无节制的包容与放纵。任何一出悲剧，追究根源一定是双方的原因，只是责任有大小而已。谢烨，正如她的名字充满光明，一个正直善良的女子。我们相信是顾城的简单和才华吸引了她，两人最终走入婚姻，然而结婚后谢烨全部接管了家庭事务，不识五谷杂粮的顾城从未沾染人间烟火，更不知稼穑艰难。谢烨如同鲁迅《伤逝》中的子君。《伤逝》中的子君与涓生私奔同居后，不再从事自己的革命工作，以为全身心的付出必将换来涓生的更加疼爱与珍惜，但最终得到的却是“我不再爱你了”（《伤逝・涓生手记》）的无情话语，与家庭决裂毅然而然跟上涓生的子君最终得病而死，涓生在日记中忏悔“我愿意在凄风孽吼中拥抱子君，乞她宽容”，然而为时晚矣。谢烨也是才女，她是可以写作的，但是对顾城这个长不大的“孩子”无私的爱，却放纵了他的任性，谢烨甚至在顾城找英儿时，为顾城找安全套，无节制的放纵，带来的是顾城窒息般的爱，放肆，胆大妄为，最终玉石俱焚，惨淡收场，因此谢烨之错在于没有自己的事业，丢了自己，对丈夫无节制地包容与放纵，溺爱成灾！现实生活中，我们很多女子或男子对待另一半，什么都打理好，以为这就是爱。恰恰相反，这只能培养对方的自私，而不是感激。生活最好的相处：温柔对待，彼此节制。

也许，有人会说我们为什么没有去过多指责英儿，其实很简单，一张人民币摆在你面前，你说它是高尚还是龌龊，不好评价，关键在于使用的人，所以我们追究和考量悲剧的双方，而第三者李英（英儿），后来的资料显示，她一生都生活在辩解和忏悔中，一天都不得安宁，这还不够吗？2014 年，英儿死于澳大利亚，终年 50 岁。对于顾城来说，英儿是罂粟，花朵妖冶，却致命。

在物理学中，有一个名词叫“短路”，我们移植到文学中。短路是指本不相交的东西出于某种原因相交了，因而构成短路，短路常常擦出思想的火花。顾城与谢烨相遇便是短路，如果不是火车上的偶然邂逅，他们此生不会相遇，然而这场相遇电光火石，不但顾城写出许多优秀的诗篇，而且两人还结为夫妻。但短路就是短路，这场人生相遇之灯注定提前熄灭。其实男人、女人都会犯错，但是他们没人提醒，没有刹车，最终山洪暴发。

最后，我们如何评价顾城和他的诗歌？很简单，一分为二，上帝的归上帝，撒旦的归撒旦，就像吃一个鸡蛋，有时不必苦苦追究是哪只鸡下的。顾城是一个“任性的孩子”，任性到极度变态、自私，毫无理性。但就诗歌而言，他又是早熟的、理智的，他是诗歌的侍者，毕恭毕敬侍奉着诗歌的王者。也许这就是人性。人之初，人本善还是本恶呢？回答得了吗？

孤独的王

——海子与其诗的质性解读

海子，原名查海生，一个奇怪的安徽人，一个温暖他人、苛求自己的诗人，在20世纪本已平庸的中国诗坛，用一次非正常的死亡，制造了诗歌界经久不衰的话题。

1989年3月26日，晚霞洒满山海关上空，年仅25岁，已有200万字诗歌成就，正处在热恋期的中国政法大学青年教师查海生，毅然而然，自信满满地趴在山海关的一段铁轨上，他是要打一场伏击战，目标却是自己。不久，一列火车似乎如约而至，将海子精确地压成两段。也就在他血洒山海关的这一刻，海子这个名字，被点燃，被解读，也被误读。人们不明白为什么海子要这样做。25岁，人生的最美时光，也是黄金年龄；200万字诗歌打底，诗歌不像小说，要写出200万字，道行可深，才思翻涌，江郎才未尽；热恋期，这是人生最甜蜜的时期，多巴胺的分泌会让人兴奋，然而于海子而言却是异常冷静；中国政法大学，一个中国法律专业的顶级大学，许多学子梦寐以求，身处其中当教师的海子不可谓不荣耀，然而这所有的耀眼元素搁在一个叫海子的诗人身上的结果却是：自杀。如何走进海子的内心世界，成为我们必须突破的难关。历史上，吴三桂引清军入山海关，那是冲冠一怒为红颜，为情！抗日战争中，中国守军血洒山海关，那是为民族之大义，为义！海子身灭山海关，为自己，还是为诗歌殉道，抑或是为……

20世纪末，中国文坛弥漫着一股浓烈的世纪末情绪，海子卧轨自杀；顾城杀妻后自缢；诗人戈麦倒栽未名湖自杀；82岁高龄，写出名篇《哥德巴赫猜想》的著名作家徐迟在1996年12月12日12时（12＋12＋12＝36）跳楼自杀，完成了他的"三十六计走为上计"。中国作家怎么了？中国文坛怎么了？这是继十年动荡以来，第一次这样规模的自杀，恐怕一句"世纪末情绪"难以说服众人。回望中国的20世纪末，社会环境不佳，"随着商品意识的日渐抬头，整个社会开始走向世俗化，许多人转向了'一切向钱看'的实惠主义和急功近利的实用主义；还有不少人从理想的云端跌回到凡俗的现实中，感到生活的窘迫与压抑，以及琐屑无味。时代已经悄悄地告别了诗意，呈现为散文化的面貌。加上不正之风蔓延，官本位思想越来越严重，整个社会弥漫着无奈的情绪"①。所以在那个时代流行着"造导弹的不如卖茶叶蛋的"的说法，假货盛行，许多作家对社会失去了信任感，也深感失望，尤其是作为作家而言，严肃文学刊物如《长江文艺》发行量锐减到一万份，通俗文学如《今古传奇》发行量却飙升至两百万份以上，这让怀揣文学梦想，眼里容不得半点沙粒的作家情何以堪？向前看不到希望，生活又处处不得意，过多的回忆却加重了现实的荒谬，用自杀留住残存的神性。"人类要具有一点点的神性，人类是要提前的早熟——会倒下死亡，要么永恒落后——不同于不是独立的神而是需要代具，人类就是有着缺陷的存在，就是没有共同体的共同体——因为人类没有任何可以共有的属性。"②这样的解释也许可以解读那个年代大部分作家的自杀，然而对海子而言，却并非这样。

海子曾言："悲剧之中，最优秀最高贵最有才华的王子往往最先身亡。"③在海子天才般的死亡意识中，自觉走向诗歌王国的重点是他的使命，以梦为马，向死而生，在诗歌的世界中，海子也自认为是诗歌的王子，为诗歌而殉，死得其所。在笔者看来，在诗歌界能看透生死的是海子，能与庄子般参悟人生的也是海子。海子在其诗歌《思念前生》中写道：

① 田中阳、赵树勤：《中国当代文学史》，南海出版公司，2006，第247页。
② 夏可君：《身体——从感发性、生命技术到元素性》，北京大学出版社，2013，第73页。
③ 姜飞：《感性的归途——阅读20世纪中国文学经典》，四川人民出版社，2003，第317页。

庄子在水中洗手
洗完了手
手掌上一片寂静
庄子在水中洗身
身子是一匹布
那布上粘满了
水面上漂来漂去的声音……

庄子是诸子中活得最为逍遥的人，“大鹏扶摇直上九万里”的豪迈，妻子死后“鼓盆而歌”的潇洒不是普通人所能做到的。海子说，“庄子在水中洗手/洗完了手/手掌上一片寂静”。每个人来到这个世界，首先完成的是手的动作，人出生时，小小的拳头紧握，要攥紧什么呢？红尘中的功名利禄，情感中的爱恨情仇。可是人离开这个世界最后一个动作呢，撒手人寰！所有功名利禄交还，所有爱恨情仇入土。所以人活着的历程就是“洗手”的过程，走完人生路意即洗完了手，留下什么呢？“一片寂静”。所以在红尘中不要不择手段地获取本不属于你的权力、金钱等，因为到最后你我都是“一片寂静”，“没有被思想过的历史，是没有生命力的”，借用此话，笔者想说“未经思考的人生，是不值得过的”。在现实生活中，如果贪官早一点悟到海子的诗句，也许他们就会在生活中如同庄子《庖丁解牛》般游刃有余，潇洒生活，不至于身陷囹圄。“庄子在水中洗身，身子是一匹布”，我们每个人都是赤条条来到这个世界的，水中洗身的庄子，自然不会穿衣洗身。“身子是一匹布”，这匹布，我们相信是白布。我们每个人都是纯洁无瑕地来到这个世界，就算是一个罪大恶极的杀人犯，刚出生时，“身子也是一匹布”，心灵也是纯洁的，然而在后天的成长中，我们必将如“天下熙熙，皆为利来，天下攘攘，又为利去”，雁过留声，人过沾利。海子的这两句诗暗合了顾城“我们早被世界借走了，它不会放回原处了”的诗中意，海子在诸子中选择庄子，意在宣扬自由的人生、潇洒的生活态度，意即勘破人生的生活哲理，可是庄子自由了，海子自杀了。他活得太明白了，甚至亲人微小的行为都会刺激海子敏感的内心。海子曾经将自己的诗歌寄给远在安徽的父亲看，一生务农的老父怎么能够理解自己儿子写的意象频出、意蕴深厚的诗？而在海子看来，亲人都不理解自己的诗，对他来说是莫大的打击。在他看来，我的诗歌充满“麦地“乡村”这么普通的农村意象，亲人怎么看不懂呢？误读成为海子内心持续的焦虑。

相较于顾城：

（1）海子是务实的。海子告诉年轻人要经历“喂马劈柴”的努力才能有“周游世界”的能力，也讽刺了现实中那种动不动要带女朋友周游世界，却毫无物质能力的年轻人。

（2）海子是温暖的。“陌生人我也为你祝福”“给每一个亲人通信”“姐姐 / 今夜我不关心人类 / 我只想你”，这一系列的诗句传递海子内心的温暖，他对自己是严苛的，对他人却是温暖的。

（3）海子对世界的态度是无私给予的。“我把石头还给石头，让胜利的胜利”，他不想拥有物质，他要做“物质的短暂情人”。一个给予的人对世界的态度是温和的，是没有破坏性的，正如他的离去只是静静地趴在铁轨上，一个人，悄无声息，天空作证。他没有带走任何人，一切都在默默中远去。

“海子的诗歌浪漫而狂妄，他有‘姐姐 / 今夜我不关心人类 / 我只想你’的执着情怀，有‘秋天深了，王在写诗’的狂放不羁，他也有‘亚洲铜 / 亚洲铜 / 击鼓后 / 我们把跳舞的心脏叫做月亮’的奇特想象。他诗中的意象常常广阔而壮美，如大地，如王位，如太阳；他诗中的语句常常晦涩而厚重，似钢铁，似烈焰，似沉吟，他的诗给人带来的往往是大海般深不见底而又多姿多彩的丰富感受。”①

对于海子而言，温暖、无私的思想内核，掩盖不住要当诗歌之王的狂暴野心，固执封闭的性格尤其是海子后期一直在北京昌平的一间陋室写作诗歌，使他逃脱不了殉道的宿命。海子是一个将想象力急剧耗竭的短命天才，诗歌就像普罗米修斯手中的火把，不熄灭，他必将一意孤行。海子又是诗人中的“夸父”，追逐着诗歌的太阳，即便“天空一无所有，为何给我安慰”（《黑夜

① 李御飞：《海子诗歌中的大地意象及其生命蕴含》，《世界文学评论》（高教版）2017 年第 2 期。

的献诗——献给黑夜的女儿》)，海子的文字“有时红得烫手，有时又白得吓人”，“其实最适合海子干的事无非是在教书混饭之外把所剩的有限精力用来写一写短诗，抒一抒情，可他偏要强行超越自身与历史的有限性，突出不可突出的重围”。他本是安徽乡下的一个儿童，却在内心住着一个撵太阳的夸父。海子是个“孤独的王”，却也是一个“糊涂的王”，更是一个天才的昏君，他在诗歌上想要的太多，但拒绝妥协的他在现实面前却输得一败涂地。

爱情语境

还君明珠双泪垂　恨不相逢未嫁时

——张洁《爱，是不能忘记的》

在世界的情爱画卷中，爱情是一个永恒的主题，从中国《诗经》中的“关关雎鸠，在河之洲。窈窕淑女，君子好逑”的爱情缠绵，再到好莱坞巨片《泰坦尼克号》中那凄婉动人的爱情故事。可以说，爱情这个主题使许多作家出名，诞生了无数伟大的作家，也孕育了无数成功的作家。张洁便是其中之一。

张洁，祖籍辽宁省，1937 年生于北京市，1960 年毕业于中国人民大学，后在第一机械工业部工作。上学期间，她酷爱文学，阅读了大量名著，为以后走上创作道路打下了良好的基础。1978 年以后开始发表作品，其处女作《从森林里来的孩子》获 1978 年全国优秀短篇小说奖。她的作品我们以前后期做界定，前期作品有《谁生活得更美好》《爱，是不能忘记的》《方舟》《雨中》《七巧板》，后期作品有《祖母绿》《条件尚未成熟》《尾灯》《沉重的翅膀》。其中，《谁生活得更好》《条件尚未成熟》分获 1979 年、1983 年全国优秀短篇小说奖，《祖母绿》获 1983 ~ 1984 年优秀中篇小说奖，《沉重的翅膀》则获“第二届茅盾文学奖”。张洁带着《从森林里来的孩子》步入文坛，此后给“伤痕文学”和“反思文学”也刮去一缕春风。王蒙曾热情赞扬她，“像一颗新星一样，一出现在天空，就以它独特的光辉吸引人们”。她的作品不以情节取胜，而以心理刻画见长。张洁的创作有其独特的风格，诗情画意被笼罩在一层温柔的伤感所构成的朦胧薄雾之中。用作家温瑞安的话说，给人以“温柔的一刀”。

中国传统社会中，对爱情还是含蓄有加的。因此，爱情常常用“相思”呈现。用什么来表述相思呢？于是又有了相思石（传说秦国、越国一带的水面上有一种石头，常常漂浮在水面上，如果把两块石头分开，它们又会合拢而来，于是人们根据这种石头的特征，取名相思石）、相思草（在秦国、越国一带，有一种草，当人靠近时，这种草的叶子便会合拢，于是人们根据这种特征取名为相思草、含羞草或寡妇莎）、相思子（相思子又名红豆，在南方一些女孩子的铅笔盒中常常有一种红豆，全身红色，中间是黑色的，传说中是个泪痣。诗人王维有诗为证：“红豆生南国，春来发几枝。愿君多采撷，此物最相思。”）、相思树（相思树的故事是悲惨动人的，古代宋康王时期，舍人韩凭的妻子何氏容貌出众，被宋康王看上，然而何氏不从，自杀身亡，韩凭随之而去。宋康王大怒，命令手下，两人不能合葬，并且两座坟墓要远远相望，然而天有感应，在两座坟墓间却长出一棵参天大树，枝叶覆盖两座坟墓，地下的树根将两座坟墓紧紧连在一起）。相思是苦的，对一个人长久的思念就会形成相思债。然而相思也是让人回味无穷的。唐代考生崔护进京赶考，途中口渴，向一位红衣女子求水喝，女子微笑给水，考生感动万分，继续前行，很遗憾，未考取功名。在回来途中，再去寻找红衣女子时，女子已经不见踪迹，于是留下千古名句“人面不知何处去，桃花依旧笑春风”。无论是相思的苦与忧，都在呈现爱情的魔力。汉语中包含大量爱情词汇、诗句等，“曾经沧海难为水，除却巫山不是云”表达对爱情的执着，“一日不见，如隔三秋”表达对爱情的等待，“朝秦暮楚”表达对爱情的背叛，如此种种。

《爱，是不能忘记的》源自女主人公钟雨的日记题目，作者以感伤的笔调，叙写了母女两代的爱情，是一篇探索社会问题的小说。女作家钟雨爱上了一个老干部，两人一见钟情。可老干部是有妇之夫，这位老干部年轻时做地下工作，一位老工人为了掩护他被捕牺牲，留下妻子儿女。这位老干部出于人道主义、责任、阶级情谊和对死者的怀念，毅然地娶了这位老工人的女儿作为自己的红色新娘，这是一种建立在道德基础上的婚姻。女作家钟雨是离过婚的女人，当初，她也像很多初涉爱河的女人一样，想找一位貌好的男子，没有更多地要求男人的精神品质和三观，结婚后才发现自己找的这位公子哥如此浅薄无聊，离婚成为必然。老干部和老工人的女儿虽然走到一起，虽然能够保持家庭生活的和睦，但缺少精神方面的共同情趣。老干部在精神生活上是空缺的，爱情的砝码少了许多，心里的天平便倾向了女作家钟雨。一个单身的离婚女人与老干部的笔会邂逅，让他们刻骨铭心，然而在 20 世纪 70 年代的中国，这种婚外恋绝对会被人取笑，可能又是一种灾难。因为那个时代绝对不是崔健的摇滚乐《投机分子》中所说的我们有机会就要表演我们的欲望、我们有机会就要表演我们的力量的时代。女作家钟雨与老干部接触时间不到 24 小时，但他们却产生了刻骨铭心的爱。老干部送给钟雨一套《契诃夫短篇小说选》，钟雨将它作为爱情信物珍藏，谁都不借。就这样，两人此生再无交集。当女作家钟雨死后，女儿珊珊在整理母亲遗物时，发现母亲有一本《爱，是不能忘记的》笔记本，才知道在母亲的内心中还隐藏着这样一段旷世之恋，这样一种起于激情、终于理性的爱。是不是在世不能实现的爱情会“在天愿做比翼，在地愿为连理枝”？如果爱有来生，那么他们这种隐忍的爱无疑令人动容。

美国有一部畅销小说《廊桥遗梦》，讲述了男主人公罗伯特·金凯与女主人公弗朗西丝卡的爱情。摄影师罗伯特·金凯来到美国廊桥拍摄一组照片，在金黄的油菜地里，遇到了恰巧丈夫和孩子外出的农妇弗朗西斯卡，两人一见钟情，他们仅仅跳了一曲舞，此生再无交集。农妇年老后，收到了摄影师罗伯特·金凯在临死前寄出的曾经在廊桥为她拍的照片，当看到自己青春的模样，回忆往昔，弗朗西斯卡老泪纵横。《爱，是不能忘记的》与《廊桥遗梦》有诸多的相似之处。对于爱情是什么，中国文学有无数的语言：爱是一本书，需要一页页翻着读；爱是一杯酒，时间越长，味道越醇……但是笔者通过中外两部作品的比较，有“爱情不是什么”的思考，具体有以下几点。

第一，爱不是靠长相厮守来呵护的。《爱，是不能忘记的》中，女作家钟雨与老干部的爱是闪电式的，两人相处时间不到 24 小时，《廊桥遗梦》中摄影师罗伯特·金凯与农妇弗朗西丝卡相处时间同样不到 24 小时，但是两部作品中，他们都产生了刻骨铭心的爱，他们的爱情超越了时间，是缓慢的炽热，相比我们今天种种快餐式的爱情，这样的爱情更让人动容。

第二，爱情不是占有。《爱，是不能忘记的》中老干部与钟雨甚至连手都没碰一下，《廊桥遗梦》中罗伯特·金凯与农妇弗朗西丝卡也仅仅是跳了一支舞，没有肉体的交融，没有彼此身体的占有，但是他们却产生了超越肉体的精神恋爱，相比现在迅速上床的爱情更具有诗意。弗洛伊德曾说："禁忌意味着诱惑，凡是被禁止的都是被强烈渴望的。因此，你要想方设法使自己成为一颗禁果。"[①] 这两部中外作品都在用"理性"节制情感，最终实现"起于激情，终于理性"。

第三，爱情不是记忆中的一场醉。《爱，是不能忘记的》同《廊桥遗梦》一样，男女主人公并没有"过把瘾就死"，他们把对对方的爱痛苦地埋在心底，既不能得到，也不能忘记，爱而不得所爱，但又不能忘其所爱，悲剧便这样发生了。世上的悲剧皆因"求而不得"而生，求良缘而终遭离散，求安乐而终遭厄运，求功名而终遭挫折，求报效而终遭诬陷，求生存而终遭夭折。他们给了对方长久的记忆。人生就是一列开往坟墓的列车，你永远不知道谁在下一站下车。哲学家荣格提到"阴影"，强调的是一种"绝对隐私"。《爱，是不能忘记的》中，钟雨至死都未对女儿珊珊说出她与老干部的永久之恋，同样，《廊桥遗梦》中，弗朗西丝卡至死也没告诉丈夫和孩子们，就在他们离开的这一天一夜中，一个叫罗伯特·金凯的男子来过，并且她深深地爱上了他。一切的一切都是在静默中完成。

第四，绿色是爱情的典范。爱情有颜色吗？这是一个必须解开的结，正如隐喻一般。考思曾说：隐喻渗透了语言话语的全部领域并且具有丰富的思想历程，它在现代思想中获得了空前的重要性，它从话语的修饰的边缘过渡到对人类的理解本身进行理解的中心位置。颜色是爱情的隐喻。何为绿色爱情？意为爱一个人而默默注视对方的成长，正所谓真爱无法表达。之所以成为绿色，那就像绿色无公害蔬菜一样，不伤害他人，是一种静止的爱。在《爱，是不能忘记的》和《廊桥遗梦》中，男女主人公都没有伤害对方，钟雨没有介入有妇之夫老干部的家庭，罗伯特·金凯也未曾骚扰过有夫之妇弗朗

---

① 孙琳琳：《中国情爱报告》，《新一代》2011年第6期。

西丝卡的家庭，一切就在荣格的“阴影”中前行，可是双方都把相逢当成毕生的守护，绿色已经成为彼此的隐喻。

在中国文学史上，以婚姻与爱情主题为题材的作品多如夜空中的繁星，但是我们说作者的可贵之处在于作者对形成这一作品的悲剧原因进行了可贵的探索，作品从社会学的观点出发，写出社会主义时代爱情与婚姻的矛盾，甚至对老干部出于人道主义责任、阶级情谊建立起来的婚姻关系也提出异议，这在当代文学史上还是第一次，这就明确提出了以道德情谊为基础的婚姻和以爱情为基础的婚姻到底哪一种才是真正意义上的婚姻的问题，作者的主观目的就体现在这里，让人们看完作品后去思索何者是真正意义上的婚姻。作品发表后在社会上引起强烈反响，众说纷纭。对张洁的作品中的主人公有两种意见。一种意见是钟雨渴求真正的爱情，是可以理解的，但是老干部已是有妇之夫，即使她和老工人的女儿结婚是出于道义感，而不是出于爱情，但是婚后几十年同舟共济的亲密生活也足以产生深厚的爱情，因而这种以道德为基础的婚姻应该维持。另一种意见是男女主人公追求的爱情不是出于动物本能的异性吸引，也不是商品世界里的交换和买卖，而纯粹是出于理想一致、性格融合的爱情，是真正以爱情为基础的婚姻，因而钟雨的介入是完全合理的。

作家霍达也有一部反映“第三者”的作品——《未穿的红嫁衣》。越州市委副书记李言当年落魄时，因为何丽珠帮忙，少受了许多苦，按照中国传统的“滴水之恩”当“涌泉相报”，他与何丽珠结婚了。可是婚后接踵而来的是性格、情趣、语言多方面的不和谐。李言有一次给孩子开家长会，遇到了孩子的班主任——郁琅嬛，两人一见钟情。基于李言的官员身份，他们的约会比一般的第三者就更隐蔽，李言带郁琅嬛去北京，为她买了一件红色的嫁衣，并许诺要与郁琅嬛结婚，然而正如生活中大多数第三者的命运一样，郁琅嬛以悲剧收场。天下没有不透风的墙，当何丽珠知道自己丈夫与郁琅嬛的事后，坚决不离婚，并且威胁李言将会把他的婚外情上报市委，在政治仕途与爱情的抉择中，这位中年男人选择了前者，不再理会郁琅嬛。可是，当李言有一次视察越州一座小岛上的疯人院时，却发现了郁琅嬛，这位痴情的女子承受不了感情被骗的打击，疯了！她的屋里挂着一件对于李言来说非常熟悉的红嫁衣，小说的篇名由此而来。

从文化人类学和社会学的视角看来："如果婚姻不和浪漫爱情相关，那它和什么有关呢？撇开情感因素来说，婚姻的本质可说是交换，双方将自身资源与对方交换，以期获得最大回报。这里的交换，可以理解为，双方在理性前提下，通过交换有形或者无形的资源来达到互惠的目的，也即文化人类学语境中的平衡互惠（balanced reciprocity）。这样的互惠一般会有两种情况。一种偏向同类匹配，即双方在外貌、学历、收入、家庭背景等因素上都比较接近，联姻的收益大于分别独身的收益，通俗点说，是'搭伙过日子'。而另一种互惠，则可能更强调优势互补，诸如大龄成功男士和貌美的年轻女子的组合，大家通过取长补短、各取所需的方式结合在一起。"①从功能主义的角度讲，婚姻能承担非常多的社会功能，诸如固定性生活对象、组成经济共同体、对自家孩子社会化等。当然，也有人认为随着社会的进步和发展，这些功能又可以被其他的组织形式取代，婚姻乃至家庭就没有存在的必要了。在不同的文化、不同的语境中，婚姻的功能可以不同的方式演绎出来，从文化相对主义的视角出发，无论是一夫一妻、一夫多妻、一妻多夫、多妻多夫乃至同性恋婚姻，在其特定语境中，都是可以理解的。通过对《爱，是不能忘记的》《廊桥遗梦》《未穿的红嫁衣》三部作品的分析，可以得出爱情和婚姻是有很大区别的：爱情主要体现的是审美价值，它不关涉功利，而婚姻是两性在物质上（当然包括肉体上）的互相给予，因而它更多体现实用的价值。所以我们一直徘徊在"理念的爱"与"世俗的爱"之间。"'理念的爱'与'世俗的爱'。'理念的爱'是对'爱情'抽象的、'本质化'的提炼，由此我们至少得到这样一些关于爱情的属性：超功利性、恒久性、排他性。不难发现，这些属性的'绝对形态'在世俗生活中根本不存在。但是我们又不得不承认，人们对'世俗的爱'的标准，正是'理念的爱'的标准。只不过这些标准在现实中无一例

① 屠思齐：《关于浪漫爱情与婚姻之间关系的文化人类学思考》，新浪微博，http：//blog.sina.com.cn/s/blog_6593f6530100w15z.html，2022/09/04。

外地都被打了折扣。换句话说，‘理念的爱’之种种规定性，在‘世俗的爱’里都不能绝对化，它们只是一些相对的标准。因此可以说，这两种爱既相互背离，又相互依存。”①

无论爱情来得多么不可思议，生活中的爱情都会在梦想与现实间徘徊，我们每个人都不希望爱情与婚姻如同太阳和月亮，一边升起，一边落下，更不希望彼此的一生成为一声来不及的叹息。有时，凡是你想控制的，其实都控制了你。所以，我们愿岁月锤炼自身，给我们丰满的灵魂和清瘦的欲望。愿爱远行。

① 赵平：《文学与人生》，安徽人民出版社，2010，第127页。

黄土地上的黑色浪漫
都市生活中的变形人生

——路遥《人生》的另类解读

路遥，作为陕西作家群中的重要作家之一，在中国当代文坛上奠定了自身独有的位置。他像一座丰碑，矗立在陕西文坛的辉煌道路之上。和邻近的山西作家们（赵树理、马烽等）相似，陕西作家大都有过相似的或相当的农村生活经历，或者他们本人就来自农村。所以，他们的作品大多以农村生活为素材。这种由柳青等陕西作家奠定的朴实、沾染烟火的文学传统在新时期文学中延续下来，贾平凹、陈忠实、邹志安莫不如此，路遥也不例外。路遥在《平凡的世界》获得茅盾文学奖时表示作为一个农民的儿子，他对中国农村的状况和农民命运的关注尤为深切。不用说，这是一种带着强烈感情色彩的关注。对陕北农村他敏锐地感受到了时代变革所引起的矛盾冲突，他以时而冷静、时而冲动的笔调，描写了农村青年在时代矛盾冲突中表现出来的希望和期待，欢乐和忧郁，激情和冷静等。作为现实主义作家，路遥始终关注着现实社会，并且以认真的态度进行创作，他不能忘记自己是一个农民的儿子，不能忘记亲自体验过的陕北农民的苦涩生活，不能忘记自己犹如浮萍般的在城乡“交叉地带”的生活感受。

路遥设定的“交叉地带”指的是环绕着陕北镇、县、地区级的中小城镇的农村。即使是单纯以农村为背景的作品，也是从农村和城市的关系（人际的、文化的、经济的角度）入手，极少数以城市为舞台，也多写农村、农民的事情。“交叉地带”原本没有特殊的含义，仅是指农村的某些东西与城市的某些东西交叉。但是路遥赋予它以积极的意义。路遥之所以关注这个“地带”，是因为这个“地带”作为农村与城市的生活空间，长期以来一直处于相对分离的状态，两者间没有平等的“交叉”。由于生产方式不同，农村和城市的生活方式或其他方面当然会存在差别。路遥是聪明的，单纯写乡村，他写不过鲁迅，单纯写都市，也许他写不过张爱玲，他选择了一个特殊的兼具农村与城市的“交叉地带”，的确是讨巧的，事实证明也是成功的。

凡看过《平凡的世界》一书的人，没有不被其深刻而朴实的内容所打动的，这是一部凝聚了作者路遥生命感悟的里程碑式的作品。统计数据表明，至今为止，《平凡的世界》依然是各大高校借阅量最多的图书。书中那种“我是一个平凡的人，我想要过不平凡的生活”的昂扬的人生誓言激励着一代又一代的年轻人。路遥给一切卑微的人带来了希望，也带来了勇气和光亮，让他们知道自己是谁，又该怎样活着。

但是笔者想论述路遥的《人生》。《人生》是一曲人生变奏的交响乐。《人生》发表于 1982 年，它是以改革开放时期陕北高原的城乡生活作为时空背景，以高中毕业生高加林离开土地又回到土地，再离开土地，再回到土地这样两次人生反复为其故事构造的。作者意图通过这个故事反映这样的生活内容，即伴随着经济体制改革而来的城市和农村本身的变化发展、城市生活对农村生活的冲击、农村生活城市化的追求意识、现代生活方式和古朴生活方式的冲击、文明与落后、资产阶级意识与传统美德的冲突等，通过一个农村知识青年对人生道路的艰难选择，通过他的焦躁、困惑和觉悟，巧妙而深刻地揭示了新的时代给人们提出的人生课题。

高加林一生的梦想就是进城，这种梦想其实代表了中国绝大多数农村青年的梦想。陈奂生进城是为了感受都市的气息，高加林进城却是要改变自身的生存方式与命运走向。虽然最终的结果是高加林回归了土地，似乎是梦想的合理性与现实的可能性之间的悲剧产物，但是路遥借高加林这一悲剧人物看到了中国城市化进程的必然趋势。在农村，朴实勤劳的刘巧珍，爱上了浑身都是香皂味的“加林哥”，代表着刘巧珍对文化的追求，正如张贤亮《绿化树》中马缨花不喜欢猛烈追求她的体力劳动者海喜喜，而爱上有知识的章永璘一样。本身是“旧”的刘巧珍、马缨花对文化知识的渴求，使得她们都选择了文化人作为爱情的目标，这就不同于一般意义上的农村女性。

高加林进入都市，与高中同学黄雅萍的一见钟情更多的是文化的契合，刘巧珍每次来诉说农家事的絮叨，引起不了关心国家大事的高加林的兴趣，鲁迅说，“贾府的焦大如何爱上林妹妹”，是啊，吟诗作赋的娇弱的林黛玉无论如何不可能爱上老实巴交的农民焦大，这是文化的差异，不是身份的差异。高加林靠走后门进入城市被揭发后，回到黄土地的高加林面对的是刘巧珍的出嫁。在陕北黄土高原上的浪漫故事以黑色的苦涩之味结束，高加林的都市生活中的变形人生也在高加林“我的亲人那……”的旷野呼告中完成落幕。很多读完《人生》的读者都认为，高加林是个负心汉，然而事实并非如此。

美国诗人罗伯特·弗罗斯特在其诗中写道：“昏黄的林子里有两条路 / 很遗憾 / 我 / 一个陌生人 / 不能踏上……”（《未来的路》）。“昏黄的林子”代表未来的不可测，“两条路”就代表着选择，“陌生人”代表人生没有彩排。所以当我们选择一条路时，就意味着放弃另一条或多条路，无论事业、爱情皆如此。学者程光炜说，“当代文学其实还没有产生一部真正能够深刻概括这三十年中国社会最深刻变迁的大气的小说”[①]，但笔者想表述的是，路遥的《人生》应该是在爱情选择上最有深度的作品之一。

我们试想一下，假如高加林与刘巧珍真的走到一起，会幸福吗？也许会，但更多的是不幸。我们今天所说的“门当户对”，不是你家有 100 万元，我家有 200 万元，更多的是三观、教育背景、文化素养的“门当户对”。爱情是一瞬间的感受，婚姻却是一生的陪伴，陪伴中可能做得最多的是聊天，聊得来很重要，聊什么因人而异，但是三观一致的聊就会有内容。刘震云的《一句顶一万句》表述的就是现代社会言语沟通的尴尬。就此推论，高加林选择黄雅萍，在笔者看来不是负心汉，因为高加林不是好逸恶劳的浮华青年，也不是见异思迁的浪荡子弟，他有理想，有抱负，抛弃刘巧珍，是一种文化断层的

① 程光炜：《当代文学 60 年通说》，《文艺争鸣》2009 年第 10 期。

强行“断奶”，看似狠心，实则从长远看，是明智之举。人类所有婚姻的最终目的一定是幸福，各种原因导致的不幸福都是需要合理纠正的。

法国学者阿尔芒·萨拉克鲁说，人因为缺乏判断力而结婚，因为缺乏忍耐力而离婚，因为缺乏记忆力而再婚。对此，笔者认为缺乏判断力则是常说的了解不够。如果我们更多地了解彼此，那么我们就能更好地把控婚姻，赢得幸福。

其他语境

逆光飞翔

——数字化生存中的文学现状

自结绳记事以来，人类总是在数字的陪伴下生存、发展。当文学与数字联姻，文学的走势就显得极其吊诡。在中国两个特殊的数字时代——20 世纪 50 ~ 70 年代与当下，关注这两段极其特殊的数字化时代中文学的困境，探寻文学突围的方式，呈现两个特殊时代人们的生活方式及精神追求，以文学的视角烛照生活，从生活中找寻文学生生不息的生命力，最终达到生活与文学共赢的态势，为颇受争议的中国当代文学再次寻找希望与勇气。

自人类结绳记事以来，便有了数字概念的最初萌动，早期的物物交换将数字的冷酷性搁置在生存的天平之上。而阿拉伯数字的发明，更是将数字与人类的关系拉近，也使人类更加清晰了数字概念。数字与人类的生存息息相关，一袋盐，两捆柴，三瓶醋，这些数字与物质的结合，彰显着数字化生存的硬道理。没有数字的生存是不可思议的，也是难以想象的。数字的意义是复杂的，它可以是温馨的，如一位老师收养了 123 个孩子，义务做他们的老师、父亲；可以是残酷的，中国“5 · 12”汶川大地震夺走了近 10 万人的生命；也可以是令人振奋的，如中国又发现了一个近 10 亿立方米的大气田。诸如此类，数字带给人类的感受是多样的。同样，数字也是有表情的，每一种表情的背后都代表着人类的情感和生存的方式。每一个独立的个体都要与数字天天打交道，否则是无法生存的。然而在当代文学的发展史上，却有两个时代将数字放置到无以复加的位置，几乎到了无数字不生存、无数字不生活的地步，并且这两个时代的数字关系到人的生存质量和文学的走势，因此笔者欲将这两个时代单独剥离出来，分析其中文学面临的困境及最终的突围。

一 20世纪50～70年代：计划经济时代的文学空间

20世纪50～70年代是一个“没有一个人能认得清中国”（张贤亮语）的年代，运动频繁，思维变幻，命运莫测，人们将自身的命运放置在社会运动的广阔舞台上，政治无疑成为生活的主角。虽然如此，马斯洛的需要层次理论却最终以存在决定意识的形式表现出来。人总是生活在与自己和谐相处的现实环境中，作为一个生物，需要拥有活着的必需的生存条件。马克思唯物史观认为“存在决定意识”，我们当然也必须从这个最基本的观点去观照中国人当时的心态。在一个语言操纵人的时代，也是在一段很长的时期里，社会如何给予人基本的生存条件呢？张贤亮在《小说中国及其他》一书中为我们表达了出来：“吃：每人每月25市斤即12.5公斤粮食，1市两即50克植物油，2市两即100克肉类，2市两即100克食糖……穿：每人每年棉布10市尺即3.3公尺，棉花8市两即400克，用：包括家具、炉具、肥皂、棉线、锅碗瓢盆等直到火柴香烟，凡正常人在世间之所及之所视的东西，都要凭政府所发的‘供应证’……行：大约每300人一年能分到一张自行车票……住，全国城市平均每人居住面积只有3.6平方米。”[①] 这些数字如此琐碎，也并不生动，但在那个特殊年代却是让人如此温暖，却又血脉偾张，因为这些数字决定着人们的生存质量甚至是生存状态。之所以不厌其烦地列举这些，是要向今天生活在电脑、网络、手机、MP5等数码技术中的被称作“数字化生存”中的人，提示一下中国人还曾生活在另一种“数字化”生存的环境中。

在这种数字化生存的环境中，中国当代文学的发展是一言难尽的，命运是多舛的。在小说领域出现了以赵树理为代表的农村小说家，有杨沫的《青春

① 张贤亮：《小说中国及其他》，长江文艺出版社，2001，第8页。

之歌》、姚雪垠的《李自成》、浩然的《金光大道》等代表性的小说；在诗歌领域有白洋淀诗群等；话剧领域有老舍的《茶馆》等。这一时期文学的命运是被历史所牵引的，当然作家的命运也是一言难尽的，这个阶段太多的人与事左右着文学的方向，应该说伴随着中华人民共和国的成立，中国当代文学迎来了文学创作的高峰时代，出现了“三红一创”（《红日》、《红岩》、《红旗谱》与《创业史》）、《青春之歌》、《百合花》、《黎明的河边》、《组织部来了个年轻人》等小说，也出现了郭小川、贺敬之等诗人。虽然 20 世纪 50 ~ 70 年代这 20 年中有波动，但中国当代文学的总体走势是好的。在“双百方针”的指引下，文学的多样化时代似乎也到来了。然而不容置疑的一个事实是在这样一个特定的时代，文学面临自己的困境，具体表现在以下几方面。

1. 内容单一

在这一时期，中国当代文学的主要作品仍然停留在农村题材（如柳青的《创业史》、赵树理的《三里湾》、梁斌的《红旗谱》、周立波的《山乡巨变》、浩然的《艳阳天》、李准的《李双双小传》等）和军事题材（如杜鹏程的《保卫延安》、吴强的《红日》、曲波的《林海雪原》，罗广斌、杨益言的《红岩》，冯德英的《苦菜花》等）的创作和书写上，许多领域诸如工业，及爱情等作品还是凤毛麟角。这样，小说的言说空间就受到限制，小说的言说背景也有了一定的规定，使得作家的创作也显得小心翼翼。

2. 政治色彩浓郁

“文学为政治服务”是一个先验的命题，讴歌宏大主题是任何时代文学的主题，然而小说毕竟关注大众的生活，毛泽东说“社会生活是文学艺术的惟一源泉”，尤其是关注普通民众的生活，这也是不变的真理。普通人的生活离政治还是有一定的距离的，他们期待视野落在身边，“一花一世界”的道理同样适合文学，但是这一时期的文学却渲染了过多的政治色彩，柳青的《创业史》表述了农村合作化、互助组的路线，赵树理的《小二黑结婚》虽然写得轻快活泼但也挡不住为了配合中国第一部《婚姻法》的主题，浓烈的政治色彩必然将人物塑造得“高大全”，类型化现象在这一时期非常突出。

3. 创作手法单一

这一时期，文学创作仍然坚守着社会主义现实主义的创作方法，但这种单一的创作方法明显已经不适应斑斓的社会生活。20 世纪由西方传入中国的表现主义、意识流、未来主义等在这一时期几乎成了被遗忘的角落，鲜有作家去尝试这样的写作形式。

今天，当我们重新梳理 20 世纪 50 ~ 70 年代文学之时，发现虽然出现了一些名家名品，但总体来说这一时期文学的价值还是不够突出的，因此笔者认为这个时代的文学仍然面临困境。也许有论者认为“一个时代有一个时代的文学”，但这一时期的中国当代文学的政治干预性过强，忽视了人的正常理想，要么夸大人的主观能动性，出现了诸如“喝令三山五岳开道，我来了”的敢叫日月换新颜的超豪迈的唯心主义语言，要么将人的价值缩小，甚至卑微化，如九叶诗人或七月派诗人的尴尬命运和部分作品。今天我们重新审视 50 ~ 70 年代这段不平凡的中国文学史，无疑有一个致命的遗憾，即经典的缺失。“什么是经典呢？就人类的文学史而言，‘经典’既是一个约定俗成的概念，它是人类历史上那些杰出、伟大、震撼人心的文学作品的指称……”[①] 当我们用此标准去追忆 50 ~ 70 年代的文学时，却发现这一致命的缺失。中国古典文学有四大名著，中国现代文学有无人能望其项背的鲁迅的经典。然而，中国当代文学却大家偏少，大师缺乏，经典作品颇少，尤其是 50 ~ 70 年代的文学，由于过于浓厚的政治色彩，由于繁杂的政治运动，更由于对人类普遍情感如爱情的忽视，明显底气不足。由政治所带来的“数字化生存”加剧了这一困境。“现代的数字化生存使人们在瞬间即能获得来自全球甚至太空的信息，而 50 年代末期至 70 年代长达 20 多年里，中国人生活于其中的那一种数字化生存是将人们全面封闭在一个极为狭小的范围内，信息来源只有官方规定的一条渠道。”[②] 由于信息来源的单一及生存的压力，这一时期文学作品的内容仍然是追忆战争（如茹志鹃的《百合花》）、表达对生存的感慨（如柳青《创

① 吴义勤：《我们为什么对同代人如此苛刻》，凤凰出版社，2017，第 38 页。
② 张贤亮：《小说中国及其他》，长江文艺出版社，2001，第 9 页。

业史》中的梁三老汉)、表达对政策的讴歌等，缺乏对人类普遍情感及人性的抒写。因而脱离那个时代来看当时的作品，相当一部分作品的时效性是值得怀疑和商榷的。

20世纪50～70年代，这种数字化生存下的文学“困境”弥漫了20多年，伴随着新时期文学的到来，文学才真正出现了“百花时代”。内容多样化，涉及工业、农业、军事、爱情领域，有寻根文学、新写实文学等，手法多样化，除现实主义之外，还有意识流、表现主义、象征主义等表现手法。一些普通的人类情感得到关注，如爱情、亲情、友情，人性的多面性也得到了展示，如原罪、虐待，问题小说再次得到发展。至此，50～70年代文学到新时期才逐渐走出总体缺乏新意的阴霾，可以说新时期文学是这一阶段文学的突破口，也在这一时期才突围出去。

20世纪50～70年代的中国文学，经历了一种人物命运从身份缺失到身份认同，从以政治为主脉到以个体为主角，从权力话语到个体话语的表述阶段，“数字化”生存中的人们物质是匮乏的，但高昂的政治热情点燃着人们的生活之火，新中国成立的欣慰使无数人始终保持着亢奋的青春激情。但是正如雷达所说：“一个人不经历青春就老去是那么的悲哀，但一个人始终处于青春期待亢奋状态也未免令人担忧。”[①] 冷静下来的我们思考50～70年代的20多年间，中国文学表面繁荣的背后隐藏着难以言说的困境，被政治所遮蔽的文学本性历经所谓“祛魅”的过程必将洗尽铅华，而新时期文学的整体突围昭示着80年代至90年代当代文学的繁荣。然而，当历史的脚步迈进新世纪时，文学不得不遭受又一轮的困境与尴尬。

二　新世纪：数码时代的文学

毫无疑问，生活在今天的人们是幸福的，无论处在哪个年龄段，无论处在何种阶层，生活得五光十色是肯定的，无论有钱与否，我们都在经历着数

① 雷达主编《近三十年中国文学思潮》，兰州大学出版社，2009，第9页。

码时代所带来的生活质量的改变与生活速度的快捷。互联网使我们在家便知天下事，可以聊天、购物、听音乐、看电影、查找海量的资料。毋庸置疑，我们生活在一个数字非常丰富的时代，有MP5、数码手机、数字电视、数码照相机、数码摄像机、银行卡、医疗卡等数字代号，忘记数字，你可能可能联系不到对方，忘记数字，你不能立刻取到钱。这些数字符号在某种程度上代表着个人的幸福指数。与50～70年代的“数字化生存”对比，明显的区别便是50～70年代是物质的极度匮乏，而当今却是物质的极度丰富。50～70年代是信息闭塞、一种声音的时代，而当下是信息塞车、众声喧哗的时代。我们更自由了，然而我们的思想也更复杂了；我们生活的内容更丰富了，然而我们也对精神繁复的需求更严苛了。那么，如此“数字化”时代下的中国当代文学的状况又是如何呢?

新时期以来，中国当代文学还是收获颇丰的，阿来的《尘埃落定》与《空山》，姜戎的《狼图腾》，杨志军的《藏獒》，余华的《兄弟》，贾平凹的《秦腔》，铁凝的《笨花》，麦家的《风声》，莫言的《生死疲劳》，阎连科的《丁庄梦》，阿成的《流亡者社区的雨夜》等都在社会上掀起不小的波澜。笔者认为单纯地列举只是一种量的堆积，还应考察其文本的受众面有多大。正如每个电视台要考察自己的电视节目的收视率一样，文学文本的阅读量及受众的期待视野决定了其生命力的强势与否。从这一角度来考察，令人吃惊的是，我们却面对一个尴尬的现实，即文学文本的受众人数逐年递减。据统计，2008年，电子图书的销售量首次突破纸质图书。文学受到流行文化和电子图书的双重挤压，传统意义上的文学形式及文学阅读方式已经受到挑战。“在全球化时代，在文学的本性中加进了重要的一堆，即大众传播媒介的规定性。当今文学越来越多倚重于广播、电视、电影、网络、报纸、杂志等大众传播媒介，这不能不对长期以来以印刷媒介为载体的传统文学提出挑战。可以毫不夸张地讲，从传统的印刷媒介到今天的电子媒介，这是一场翻天覆地的革命，它彻底改变了人类命运、历史进程和人们的生活方式。”[①]因此文学作品和作家又

① 龙潜:《20世纪后期中国文学史论》，贵州人民出版社，2007，第37～38页。

处在一个新的困境中，“文学死亡或再生”已经不容置疑地放置在每一个从事文学创作或研究的人面前。20 世纪末，当美国学者米勒提出“文学已接近尾声，该是不同形式的新纪元”时，已经昭示了文学的危机，但这也是一个悖论，即文学的命运堪忧，其次，文学不会消亡。任何文化艺术产品的产生和传播的最终完成都与接受者的接受情况有着密不可分的联系。德国文艺理论家姚斯指出：“把文学事实局限在生产美学和再现美学的封闭圈子内，这样做便使文学丧失了一个维面，这个维面同它的美学特征和社会功能同样不可分割，这就是文学的接受和影响之维。读者、听者、观众的接受因素在这两种文学学派的理论中都没有得到很好的重视。”[①] 当下许多作家在进行文学创作时表现出“一个人的精彩”，曲高和寡。在当下的文学市场，出书热酣劲未减，每年出版的长篇小说过千部，然而读者却逐年递减，以至于专业评论家也读之较少或无暇去阅读，甚至出现写小说的比读小说的要多的现象，虽然以文字形式出现的小说等在数量上依然强势，但其在影响力方面早已不能与电视、电影、网络文学等相比。当下纸质文学受到挑战，笔者认为有三大原因。第一，快节奏的生活使人们无暇去阅读文学文本。《芙蓉镇》的作者古华说：“人类已经进入了现代化社会。科学文明的突飞猛进，加快了人类生活速度与节奏，人们越来越讲求效率和色彩。假若我们的文学作品还停留或效仿 17 世纪和 18 世纪西方文学的那种缓慢的节奏、细致的刻画，今天的读者（特别是中青年读者）是会不耐烦的。”[②] 第二，生活的一地鸡毛消磨了人们阅读文学作品的激情，在当代社会，生活越来越具体化。第三，人们更乐于文学以视听形式出现，方便快捷。

“在视觉文化逐渐占据主导地位的过程中，作为传统印刷文化的生产者——小说作家，其创作方式和存在状态也受到了巨大的挑战。作家们刚刚摆脱政治意识形态的强大束缚，还没顾得上多呼吸两口自由的创作空气，

① 〔联邦德国〕H. R. 姚斯、〔美〕R. C. 霍拉勃：《接受美学与接受理论》，周宁、金元浦译，辽宁人民出版社，1987，第 23 页。

② 彭华生、钱光培主编《新时期作家谈创作》，人民文学出版社，1983，第 222 页。

就突然发现自己面临了一个更大的陷阱——市场经济。”[①] 于是在下海经商等的诱惑下，精英知识分子跃跃欲试，王朔等一批作家率先做了第一批“吃螃蟹”的作家，并迅速大红大紫，赚得盆满钵满，而对一些仅靠国家财政拨款的作家来说，微薄的固定收入似乎已不能满足和保证自身创作的顺利进行，于是出现了陕西作家路遥、邹志安因贫困而英年早逝的悲剧，社会上甚至由此发动了一场拯救作家的运动。这一时期，文学经历了严峻考验，作家不得不考虑自身的现实处境，以及作品如何与现实接轨。作家与作品都面临些许尴尬。伴随着先锋小说、寻根文学、新写实小说等的出现，中国当代文学出现了少有的繁荣，这种尴尬的心境一度得到缓解。然而伴随着新世纪的到来，一个更大的挑战——数字时代梦魇般地降临到每一个从事文学创作的作家面前。于是一场拯救文学的运动悄然拉开帷幕。早在20世纪30年代海德格尔就认为，我们正在进入世界图像时代。海德格尔已经看到视觉文化的这种图像化或视觉化的现代新趋势。这种新趋势一方面使得走精英意识道路的作家受到检阅的痛苦，毕竟作家也要生存，作品的销量也是要考虑的因素；另一方面也使得一些习惯了纸质写作的老作家极其不适应文学的视觉化。面对文学和作家的双重困境，为文学寻找出路，便是每一个从事文学研究的知识分子的责任和使命。笔者认为，文学可以再生并且会像一个年轻人一样健壮地走下去，虽然“如今文本不再神圣，文学走向边缘，生活方为至上，实践才是真知，这是一个讲实际，重操作的时代。但文本的意义终究不能抹杀，到任何时候，文本都是记录和传递人类经验的重要方式，它经过历史长河的冲刷淘洗而日趋精粹，经过无数代人的千锤百炼而日臻完美，有理由相信，文学文本作为保存并言传文学传统的意义载体，对于人类文化乃至社会历史的发展都是不可或缺的精神财富和思想源泉”[②]。

面对当下数字视觉时代，小说不应该独享清高，形影相吊，应该试图

① 徐巍：《视觉时代的小说空间——视觉文化与中国当代小说演变研究》，学林出版社，2008，第53页。

② 姚文放：《当代性与文学传统的重建》，人民文学出版社，2004，第314页。

摆脱纯文学的范式，有意识地与电视、电影合作。当然，最好的例子便是莫言的《红高粱》。试想，若《红高粱》没有拍成电影，那么莫言和他的《红高粱》或许会出名，但不会如此之快，如此之广。因此在当今时代，影视与小说的合作互动愈演愈烈，小说通过影视的传播引起读者的关注，如凡一平的小说《寻枪》被改编为电影，东西的小说《没有语言的生活》被改编为电影《天上的恋人》，当然，王海鸰的《中国式离婚》、阿来的《尘埃落定》，甚至麦家的《风声》等都是成功的杰作。因此我们不能说小说被改编就是俗化。笔者认为，对作家的最高奖赏便是读者或观众的肯定，无论是原著还是改编，在此笔者并没有反对那些抛弃精英意识，放弃与影视联姻的作家。在当下这样一个数字时代，文学要发展，要突围，笔者认为必须从以下几方面实现突破。

第一，要转变观念。在这个数字化时代，人们的主要阅读方式发生了改变，逐渐适应数字产品。长期以来，人们一直习惯于纸质文学的阅读形式，油墨的气味一度成为许多读书人钟情的味道，然而伴随着互联网时代的到来，网络阅读成为许多人尤其是年轻人阅读的主导方式，即使是一些中年人也越来越关注网络，电子图书越来越受欢迎，因此作家要接受读者阅读方式的改变。网上阅读可以加入声音、图画等元素，使阅读不再是单一的视觉形式，这样一来就要求作家转变写作观念，从单一的纸质书写转向网络再现，从单纯的笔墨运用转向多种形式的综合运用。现如今，一些作家在家中便有丰厚的收入，便是将自己的作品允许商家做成电子图书，以点击率收费，这便是聪明的转型。作家还要利用网络这个信息载体对作品进行传播，《武林外传》《如懿传》《三生三世十里桃花》和央视的《百家讲坛》便是文学与媒体联姻的成功运作。

第二，坚持精品意识。当下，虽然每年出版的长篇小说已达千部，各种形式的文学形式也扑面而来，但除了量的堆积，每年给读者留下深刻印象的作品却屈指可数，许多作品就如同流行歌星一样转瞬就被人们遗忘，经典就更是难以说起。但笔者坚信，无论是何种数字时代，无论是何种阅读方式，对精品、经典的追求是人们共同的追求，作家只要能写出打动人心、具有人类普遍情感、触动读者心灵的作品，就仍然会有很大的市场，当代社会最缺乏的是淡泊明志的作家与刺穿灵魂的作品。

第三，作品内容面广。生活在当下这样一个有海量信息的世界，各种信息每天通过各种传播渠道传递给人们，有意无意地开阔了读者的视野，这样随着读者理论水平的不断提高和知识需求的不断扩大，读者对所阅读的作品也越来越挑剔，这就要求我们的作家写的小说不应是儿女情长、伤春悲秋的煽情文学或独自呓语的抽屉文学，而应该是百科全书式的作品，让读者从中不但感受到文学语言、文字的魅力，而且感受到待人处事、安身立命的文化内涵，或有陶冶情操、提升人文素质的内容，因此作品的内容就必须辐射面广并不断刷新。杨志军的《藏獒》、姜戎的《狼图腾》获得广泛好评与业内的推崇便是在小说内容上多样化的结果。

第四，具备全球意识。当代文学发展至今，面临一系列的机遇与挑战，在这个全球化的时代，当代文学不应只把目光立足在本土，只强调本土消费，虽然我们常说“越是民族的，就越是世界的”，但也应与世界民族联姻，不做井底之蛙，靠山吃山。“全球化已经成为现实，如果不能回归民族主义和保护主义，那就努力实现另一个不同的全球化，因此，文学叙事就必须讲述新的故事，缔结新的关系，阐述新的抵制和新的主体性。”[①]因此，中国当代文学必须秉承立足本土、放眼世界的写作理念。实际上，苏童、余华等作家已经开始走上这样的道路。如苏童的《碧奴》便是参与了“重塑神话”的国际出版项目，孟姜女也走向了国际化。

综上所述，笔者通过对中国当代文学发展的两段特殊“数字化生存”时期的表面繁荣、实则陷于困境的展示，彰显文学的使命及文学走向大众的出路。无论是20世纪50～70年代的篝火鸡鸣、长铗投枪还是当下的和谐盛世，人们对真善美的追求是不变的，“文学是人学”的宗旨是不变的。紧扣时代主题，关注百姓生活，这就是文学永远不会消亡的原因。人类只要有精神需求，作为意识形态的文学就能存活于世。20世纪50～70年代的文学伴随着新时期

① 陈永国:《理论的逃逸》，北京大学出版社，2008，第241页。

文学的到来已走出困境，而当下，中国数字化越来越明显，文学要走出困境确实“路漫漫其修远兮”。但是只要我们对中国文学的守望还在，信念依旧，当代文学必然会逆光飞翔。

后现代语境下的小说贫困

后现代主义源自现代主义，是对现代化过程中出现的剥夺人的主体性和感觉丰富性、整体性、中心性的思维方式的批判与重构。雅克·德里达、理查德·罗蒂等都是这一哲学思潮的代表人物。后现代主义呈现反本质主义，极力抹杀艺术与非艺术的界限，甚至曾扬言艺术已经死亡。在后现代主义大肆解构的语境下，文学的无中心意识和多元价值走向使得文学的艺术价值评判模糊不清，作家对主体的社会理想、人生意义、国家前途、传统道德，都存在一定程度上的解构与消解。在这种语境下，文学创作、美学理论批判思潮存在相当大的意识转变。

德国美学家沃尔夫冈·韦尔施曾经描述过审美贫困的状态："在表面的审美化中，一统天下的是最肤浅的审美价值，不计目的的快感、娱乐和享受。这一生气勃勃的潮流，在今天远远超越了日常个别事物的审美掩盖，超越了事物的时尚化和满载着经验的生活环境。它与日俱增地支配着我们的文化总体形式。经验和娱乐近年来成了文化的指南。一个日益扩张的节庆文化和娱乐侍奉着一个休闲和经验的社会。"[①] 他进一步指出，美学在社会中危机深重，是因为脱离了真善关联，审美泛滥，无边美的艺术过剩，一直到了让人忍无可忍的地步了。借用沃尔夫冈·韦尔施的观点，观照中国文学在后现代语境下的多重表现，同样也可以得出结论：文学也在日益贫困，我们正在被花里

① 〔德〕沃尔夫冈·韦尔施：《重构美学》，陆阳、张岩冰译，上海译文出版社，2002，第6~7页。

胡哨的文学创作刺激到麻木不仁。一个戏谑化的文学时代正在日益打破纯文学的边际。借用兰德曼的断言，“个体的人的三千年黄金时代已经到头了”。写在祖国大地上的文学正在被虚幻的想象所代替，一个虚无的未来彼岸正在日益清晰。

一　叙事经验的贫困

苏珊·桑塔格说，在一个阅读的价值和内心的价值都受到严峻挑战的时代，文学就是自由。在不断阐释内在经验和释放个体呼唤的后现代时代，文学的自由日益多元化，然而文学的叙事却备受摧残。

2009 年 6 月 15 日，中国当代文学界曾经召开过“起点四作家作品研讨会”，这个会由《文艺报》和盛大文学共同主办。大会的十多位文学评论家面对四位起点青年的网络作家时，不约而同地发出感慨：文学的“代际鸿沟”，巨大的“裂谷”已经形成。北大教授张颐武感慨地说：“中国新文学的想象力到 70 后就已终结了，裂谷的这边是中国历史上最新的一代，他们的阅读空间，就在网络，就是这些作品，传统文学的生命没有在后一代得到延续。”[①]这种“代际鸿沟”或曰“裂谷”，形成了年轻人写的年轻人读、中年人写的中年人读的局面，代际的阐释出现严重的断裂，代际的审美知识失效，造成阐释的无力感，这种批评的现状正好折射了文学创作的现状。那些曾经老少通吃的作品去哪儿了？鲁迅笔下的百草园，沈从文的边地小城茶峒，张爱玲悲凉的北方小城，老舍的北京城等去哪了？照理说，人类的日常生活内容是相同的，吃喝拉撒睡，柴米油盐酱醋茶；自然环境应该大体相同；文学的地理版图也应该相同，东北黑土地的肥沃置换不了西北黄土地的贫瘠，北京的历史韵味压制不了上海的吴侬软语。但是，为什么我们今天的文学日益贫困？此岸世界危机重重呢？在笔者看来，是文学的叙事发生了质变，一个日益消解崇高

① 田志凌：《网络写作“大神驾到”！当代文学已出现巨大的裂谷》，《南方都市报》2009 年 6 月 17 日，第 B11 版。

的写作时代已经到来。现代主义曾一度靠人类的刻苦自强来重建文明，宣扬人类的群体意识，建构人类的精神空间，然而后现代主义却在日益反叛，在这一语境下反对主流意识，反对单一理性主义，也反对功能主义与实用主义，呈现日益复杂的意识形态，文学在这里也被裹挟着前进。

哈贝马斯曾从哲学上分析过主体衰落。“人类精神的一种具体形态同古代欧洲一起消亡了，我再次想到了是那些断言资产阶级个体形态已经死亡的更不留情面的解释，正如谢尔斯基反思人在科学文学中的自我的变化那样……如果说人类曾经理解到理性的技术劳动世界乃是自身与世界的分裂，是对一种古老的自身与世界的有机统一的疏远，并为此感到痛惜，那么，人类毫无生气的建构和赢得的这种新的人与世界的统一，现在日益成为一种人类在那种分裂中所获得的特性的威胁……今天，那种分裂已经历史性地消失了。从世界与人的重新统一中所表现出来的形而上学失落感，集中反映在对形而上学的渴望当中，凝聚为对处于世界分裂和异化状态的主体性自由的回忆。”[①]这种对于主体意识的断言表现出后现代语境中的主体向唯我主义滑落，所以发生了文化的虚无。哈贝马斯在其《沟通行动的理论》一书中就提到当代社会的理性化发展已导致金钱与权力过度膨胀，把整个世界变成了它的殖民地。[②]由此看来，其实中国小说在消费主义的过度膨胀中，叙事也被搁置，经验主义盛行。我们很难在小说中闻到一束花香，听到一声鸟叫。

其实好的小说家一定是一个能讲好故事的人。古代的曹雪芹、施耐庵、吴承恩、罗贯中，哪一个不是讲故事的能手？近代的鲁迅、沈从文、老舍、张爱玲等都在故事上认真打磨。然而今天，为什么我们的小说面临危机？甚至中国当代文学理论单一化的种种声音也甚嚣尘上？

小说是一个人心灵的世界的映射，小说需要对内心世界窥探，这是小说的任务。然而近些年的小说中却呈现日益趣味化、商业化的趋向。小说的厚重不在于页码多，而在于能写出灵魂的轨迹。然而由于经验主义的盛行、对

① 〔德〕龙尔根·哈贝马斯：《合法化危机》，刘北成、曹卫东译，上海人民出版社，2000，第165页。
② 王元化、李慎之、杜维明等：《崩离与整合——当代智者对话》，东方出版中心，1999，第5页。

个人经验的过度崇拜，许多作家把列举经验的新奇、呈现经验的个体及经验的绵密当作写作的全部内容，甚至成为当下小说写作的主流。但他们恰恰忽略了一个事实，即故事恰恰是经验最好的载体。

在今天这个快速发展的时代，无论是长辈与后辈还是后辈与后辈、同乡与异乡，都热衷于经验的传递，包括生活的经验、生存的经验甚至爱情的经验，经验在社会横行。今天我们很多人读小说，其目的在于读故事，要听取一个有秘密经验的故事，然而在今天的消费社会中，我们却看不到好的故事，故事正在退场，经验却在登场，这种经验主义带来了日益贫困的小说现场。对“自我的内心生活进行细致探究”①的小说样式，日益成为过去时代的背影。德国学者本雅明说“经验正在贬值”，并且还在一直贬下去，在朝着一个无底洞贬下去。“无论何时，你只要扫一眼报纸就会发现它又创了新低，你就会发现不仅外部世界的图景，而且精神世界的图景也是一样都在一夜之间发生了我们从来以为不可能的变化。”②我们日益生活在消息满天飞的语境中，作家获取的故事更多地来自新闻。新闻不断地传递着经验，然而新闻是面向大众的，所以势必会造成经验的类同化，你知、我知、天下知的新闻事件其实并没有过多可写的，而作家正试图将个人私密的经验贴上国家或历史的标签，汇成公共化的潮流，展示在读者面前。

很少有作者去写作具有公共经验的作品。“许多年之前，我在小报上看到一个故事，写当年的上海小姐被今天的一个年轻人杀了，年轻人为什么杀她，我已经记不得了，读时那种惨淡的感觉却记忆犹新，我想我哪一天总会写它的。”③15年后，王安忆写《长恨歌》，这个新闻消息为王安忆提供了写作素材，但是王安忆并未将公共事件转化为个人的私密，而是将它放大成一个群体，写上海的文化、性格、形象。“王琦瑶的形象就是我心目中的上海。在我的眼中，上海是一个女性形象，她是中国近代诞生的奇人，她从一个灯火阑珊的

① 〔捷克〕米兰·昆德拉：《小说的艺术》，董强译，上海译文出版社，2004，第32页。

② 《讲故事的人（1936）——尼古拉·列斯科夫作品随想录》，载〔德〕瓦尔特·本雅明《本雅明文选》，中国社会科学出版社，1999，第291～292页。

③ 杨公骥主编《中国文学》，中央广播电视大学出版社，2006，第487页。

小渔村变成‘东方的巴黎’，黑暗的地方漆黑一团，明亮的地方又流光溢彩得令人目眩，她真是一个神奇的人。在经过历史的风横雨狂之后，她有一种美人迟暮的感觉，她终于倒地死去了，在旧上海的尸骸上又生长出一个崭新的上海。”[①]应该说王安忆是将新闻事件转化为小说话语的典型，这是成功地将公共经验和个人私密结合，最终走向城市经验的良好运动，这是一种有存在感的经验模式。

然而在如此多的小说经营模式中，我们看到的却是经验的贫困和贬值。米兰·昆德拉说小说家是“存在的探究者”，小说的使命是“通过想象出的人物对存在进行深思”，借此揭示那个彼岸世界的可能性，小说审视的不是现实，而是存在，而存在并非已经发生的，存在属于人类可能性的领域，所有人类可能成为的所有人类做得出来的。[②]其实个人经验的盛行加强了写作的真实感，但是如果没有更好的故事支撑，一个作家就会失去小说的核心精神内核，从而成为没有回忆的文学样态。

学者耿占春曾说，如果让新闻占据主导经验走向虚无，那么势必“人人都记得的一件事，谁也不会对它拥有回忆或真实的经验。这反映了经验的日益萎缩，这也表明了人与经验的脱离，人不再是经验的主体。看来不大可能的状况已经出现在我们的生活中：我们生活在并非构成自身经验的生活中。我们的意识存在于新闻报道式的话语方式中，因而偏偏认为：不能为这种话语方式所叙述的个人生活经验是没有意义或意指作用不足的”[③]。克尔恺郭尔也说：“回忆力图施展人类生活的永恒连续性，确保他尘世中的存在能保持在同一进程上，同一种呼吸里，能被表达于同一个字眼里。”[④]赫尔德林曾说文学是为存在作证，小说就是为回忆提供记忆的真相，一个不被记忆或者没有回忆价值的小说是值得怀疑的。小说应该成为照亮个人或者民族精神暗处的光芒，即使在今天商业化和消费主义盛行的状态下，小说也不能成为商业化或消费

① 杨公骥主编《中国文学》，中央广播电视大学出版社，2006，第487页。
② 〔捷克〕米兰·昆德拉：《小说的艺术》，董强译，上海译文出版社，2004，第54~55页。
③ 耿占春：《回忆和话语之乡》，广西师范大学出版社，2003，第181~182页。
④ 〔丹麦〕克尔恺郭尔：《曾经男人的三少女》，江辛夷译，作家出版社，1994，第4页。

主义甚至欲望的囚徒。

二 身体与灵魂

有人说过，身体与灵魂总有一个在路上。身体是一个复杂含混的词语，在后现代语境中被多次开发，如肉体、皮囊、欲望、性等，甚至一度被作为革命性的话语出现在中国当代文学“三红一创”等诸多小说中。在很多作家的笔下，有关身体的写作策略和叙述伦理都是暧昧的，在这里有必要澄清一些基本的事实。

身体与肉体是两回事，我们的部分作家将身体与肉体混为一谈，一写到身体就只信欲望，甚至借身体来宣泄个人的情感。其实肉体仅仅是身体最低级的层次，是生理性的一面，身体还有伦理性甚至神学的一面。“身体没有自己的语言，身体的言说不再可能按照‘感性—知性—理性’‘动物性—人性—神性’‘身体—心灵—精神’‘物体—身体—幽灵’等的限制性话语展开。身体要表达自身，身体就必须找到自己的语言，必须让身体以身体的方式表达自身。”[①]从这段表述中，我们清楚地知道身体应该有自己的语言，人们常常将身体与肉体混淆，身体也一直缺乏自身的语言，这种现象西方在20世纪时也有细致的表现，身体以身体的形式言说自身，回应着尼采让生命返回大地的召唤，身体自身的回归也是灵魂的回归。身体只有在伦理性与生理性的协调下，才能成为想念意义上的写作基础。

“身体是灵魂的物质化，而灵魂需要通过身体实现，没有身体的这个通道，灵魂就是抽象的、虚无缥缈的，只讲灵魂不讲身体的思考，一旦支配一个人的写作，这种写作很容易走向玄学。”[②]在笔者看来，过度提倡肉体就会滑向性与暴力的深渊。在十七年文学作品中，尤其是二元对立模式中，敌方人员认为消灭了肉体，那么身体也就消失了。但我们却看到无数的人虽然身

① 夏可君：《身体——从感发性、生命技术到元素性》，北京大学出版社，2013，“导论”第1页。

② 谢有顺：《小说中的心事》，作家出版社，2016，第337页。

体毁灭了，但是他们的精神却呈现一种悲剧美，向着人类解放的目标和坐标前进，精神在延续。中国文学的身体意识也伴随着20世纪身体登场，出现了价值的松动，在“十七年”小说中，身体被极端革命化、集体化、纯洁化。身体一度处于被压抑的状态，正常的身体需求被删除。然而，“20世纪是身体登场的世纪，只是身体出场时却总是处于疾病和痛苦中，而且还处于暴力与死亡的威胁之中，因此没有哪一个世纪像20世纪是一个如此充满生机创伤的时代，两次世界大战，尤其是对犹太人的大屠杀，斯大林的恐怖谋杀，冷战与朝鲜战争，吸毒与艾滋病，等等都是对身体的崭新的恐惧……”[①]的确，20世纪身体登场，中国小说也展开了对身体的描述，但是这种身体描述过多沉浸在苦难哲学中，无论是大墙文学还是边缘情境叙事，身体常常处在苦难中。从维熙的《大墙下的红玉兰》、张贤亮的《灵与肉》、古华的《芙蓉镇》，甚至路遥的《平凡的世界》里，身体经历着苦难、鞭打、饥饿、自残，身体承载着政治意义上的阶级烙印，但是这种社会的肉身还有这种写作面对了真正意义上的身体，是一种存在的彼此交替，这种写作的物质基础诞生了。

然而在20世纪末，一种身体的革命被掀起，身体被当作一种时髦，被转化为一种肉体欲望和性的叙事符号，身体写作被移植为肉体写作和下半身写作，在身体的名义下铺陈，欲望横流。无论是卫慧的《上海宝贝》，还是棉棉的《糖》《啦啦啦》，甚至贾平凹的《废都》等作品，都在封闭的自我表达中传递身影，当文学与电影、电视合谋，身体便被彻底简化为肉身。灵魂是小说背后的精神指向，许多优秀的作家都在展示人物的灵魂。鲁迅写祥林嫂是迈出了通向封建女性的道路，表现了对封建伦理的憎恨，也是对封建女子的大爱。曹雪芹在红楼遗梦的初步画面背后，通过对一系列的女性形象魂灵的勾画，告诉我们社会还是存在情感的知己的。沈从文借《边城》画出了翠翠善良的魂灵，并把她的人性供奉在小庙中。这些作家也写人物身体的苦，但在苦的背后却有着灵魂的叹息。相比之下，我们现在许多作家失去了对身体的尊重，精神视野和心灵刻度正日益衰微。如此，我们这个社会是不是真正意义

① 夏可君：《身体——从感发性、生命技术到元素性》，北京大学出版社，2013，第1页。

上又倒回去了呢？回到了郁达夫作品“哭穷”和“哭性”的零余者的时代呢？未必。很多作家没有尊灵魂、看生命的写作态度，在自我的精神发育中还显得过于单薄，在消费主义思想的影响下，进行快餐化写作去迎合当下粗俗的消费观。我们需要有精神成熟的作家抵达拥有爱与善的人间社会，这也决定了一个作家到底能走多远。

三　体面

后现代文学语境下，文学的传递载体也发生了变化。经历了口传文学、纸质文学、网络文学的发展，文学呈现多样化的发展趋势。一本带有墨香味的书，可能并不是这些“后浪”们的阅读样态。有些“前浪”总在说“后浪”不读文学，甚至看不起“后浪”，说一浪不如一浪。但我们不能忽视的事实是，我们的社会的确日新月异，在快速发展，科技改善了人们的生活，如果真的一浪不如一浪，这些现象又怎么解释呢？其实就文学而言，不是文学已死，也不是文学走向了抽屉，而是我们作家没有保持文学的体面，只是看到了自己的体面。现如今，部分作家端着体制的饭碗，从事密室写作，没有走向旷野。即使去采风，有些也停留在喝酒吃肉、交换名片上，很难有路遥写《平凡的世界》那样翻阅 10 年报纸的艰辛写作准备。现在的许多作家吃不了苦，且脚不想沾上泥土。有些作家通过看新闻、看碟片去搜索写作素材。而有些评论家甚至连小说都没有读过，就去信口雌黄地评论一部作品，这样的现象屡见不鲜。如此这般，怎么能奢望读者去阅读作品呢？内容上千篇一律，形式上单调划一，情感上无病呻吟，读者怎么能看下去呢？文学需要澄清我们应该有的东西。作家曹文轩说：“一个国家、一个民族的文学和艺术，哪怕是在极端强调所谓现实主义时，是不是还要为这个国家、这个民族保留住一份最起码的体面呢？如果连这最起码的体面都不顾及，尽情地、夸张地，甚至歪曲地去展示同胞们的愚蠢、丑陋、阴鸷、卑微、肮脏、下流、猥琐，难道也是值得我们去赞颂的‘深刻’之举吗？我对总是以一副‘批判现实主义’的面孔出现，以勇士、斗士和英雄自居‘大师’们颇不以为然。不遗余力地毁掉这最起码的体面，算不得什么好汉……可怕的不是展示我们的落后和贫穷，可怕的是展示我们在落后和贫穷状况下的猥琐和卑鄙，可怕的是我们一点也不想保持体面——体面地站立在世界面前。你可以有你的不同政见，但不同政见并不能成为你不顾国家、民族最起码体面的理由。”[①]曹文轩这一段有关文学的体面与人的体面的精彩论述，也是对我们这个时代某些人或某些作品的重重一击。

今天这个时代，很多人太希望自己体面地生活在大众视野中，然而他们所理解的体面无外乎肉体外表的美艳、物质的富足，他们无时无刻不在展示自己，生怕他人不知道自己的所谓体面。所以我们看到了差不多的生活状态、差不多的网红脸，知道差不多的消息，吃着差不多的饭。很多人通过整容整成差不多的脸型，晒着差不多的娃，表达自己正处在娃听话的状态中，殊不知微信中一发完图，就忙着收拾娃带来的凌乱；去旅游，没有用心聆听水声潺潺，鸟鸣蛙叫，只是忙着比“耶”拍照，凑够九张图，随时关注别人的点赞与评论，风景没有，全是人语。这就是体面，苍白的体面，表现的体面，空洞的体面。另一方面又是恶语相向，不管你做得再好，总有人说你不对，不能好好说话。这是我们需要的吗？

体面是人类社会内在的双向需求，是自我意识的质性发展。从人类用第一张兽皮、第一片树叶遮羞，体面就已经诞生。体面地面对这个世界，体面地回应来自自然与社会的挑剔与伤害。一部人类的体面史就是一部人类的文明史，也是一部人类的进化史。体面的制度、体面的服饰、体面的工作、体面的婚姻、体面的身体、体面的精神，甚至如何体面地活着或死去等都成为人类定向追求的目标。时至今日，体面的内涵与外延都在发生变化。在现代汉语词典中，体面有三种解释：一指面子，身份，体统；二指光荣，光彩，面子上好看；三指（相貌或样子）好看，美丽。然而，在快速发展的后现代语境下，人们的体面往往剩下的是金钱所留下的种种空洞的体面。所以我们

① 曹文轩：《曹文轩论儿童文学》，海豚出版社，2014，第125页。

看到了诸多的社会问题，如不择手段地获取金钱，毫无廉耻地炫耀资本，某些教师不安心教学，奔跑在各种巧立名目的报账路上，某些学生不静心学习而是把经历投放在“打打打”（打游戏）或“买买买”（网购）之上，孩子被“不输在起跑线”的强硬口号拖入各种补习考级的泥潭。城市中有几个孩子用心闻过花香，听过鸟鸣，更不要说识五谷杂粮了，有几个家长真正给过孩子童年。如此这般，我们的民族是不是需要反思我们的体面？几千年的中国文明史，祖先留下许多有精神内涵的体面，却在后现代语境中逐一消解。“深刻”变成了矫情，朴素变成了怀念。我们的生活真的需要这么复杂吗？

就文学而言，文学贴合粗俗，暗黑内容屡屡出现，迎合大众的审美“体面”。那些以揭示人性的名义而将我们引导到对人性彻底绝望之境地的作品，那些令人不寒而栗犹如深陷冰窖的作品，那些暗无天日让人感到压抑想跑到旷野上大声喊叫的作品，那些让人一连数日都恶心不止的作品，那些展示世道之恶而使人以为世界就是如此下作的作品，那些使人从此对人类再也不抱任何希望的作品，那些对人类的文明进行毁灭性消解的作品，那些写猥琐、写浓痰、写大便等物象而将美打入十八层地狱的作品，我们真的需要吗？看完了那些作品，我们只能觉得生活太糟糕了。看完那些作品，我们只能觉得生活太压抑了。难道费时费神地阅读文学，就是为了获得这样的阅读效果？北大教授曹文轩对当代文学现状的终极追问，让我们反思这个时代的文学，让我们反思我们的作家究竟在传递什么样的审美情趣，在承担什么样的审美责任，究竟是把大众的生活引导向上还是向下了呢？基于此，笔者对作家余华与曹乃谦的部分作品颇有微词。余华的系列小说无疑是中国当代小说的重要代表，其鲜明的先锋性与直指人心的穿透力量在中国当代文学新时期以来的小说中占据重要的位置，但是，不容忽视的是余华小说充斥着大量污秽的词语，且词量颇多，评论家李建军称之为“消极写作”。无独有偶，作家曹乃谦的部分作品，如《到黑夜里想你没办法》等充斥着有悖人伦的大量描写。在笔者看来，一部文学作品还是要宣传向上的价值观，要有引领社会人心、匡扶正义的人伦取向。

现代主义之后的后现代语境下，价值多元。碎片化的生活场景要求作家准确捕捉是有难度的，但是我们不能为了推陈出新，为了求新求异，就去大肆铺陈丑恶。中国现在年产小说上千部，却仍然无大作家、大作品出现，那种有生命强度、灵魂温度的作品更是少之又少，社会上充斥的却是书面封皮上某某某大师推荐等的营销策略，读者阅读后往往是失望的，并且还会迁怒于那位或那几位推荐人，最后却是让文学买单，所以，不管什么语境，不管什么文学，追求人性的真善美才是根本，传递正能量才是使命。如果一个作家最终没有落在这两个层面上，文学就是贫困的。

参考文献

[德]爱克曼辑录《歌德谈话录》，湖南师范大学出版社，2011。

[英]阿克顿：《自由与权力》，侯健、范亚峰译，商务印书馆，2001。

曹文轩：《20世纪末中国文学现象研究》，北京大学出版社，2002。

陈晓明：《表意的焦虑》，北京文联出版社，2000。

陈思和主编《中国当代文学史教程》，复旦大学出版社，1999

陈永国：《理论的逃逸》，北京大学出版社，2008。

[美]丹尼尔·贝尔：《资本主义文化矛盾》，赵一凡、蒲隆、任晓晋译，生活·读书·新知三联书店，1989。

丁帆等：《中国乡土小说的世纪转型研究》，人民文学出版社，2013。

[美]弗洛姆：《马克思关于人的概念》，《哲学译丛》1979年第2期。

费孝通：《乡土中国》，生活·读书·新知三联书店，1985。

耿占春：《回忆和话语之乡》，广西师范大学出版社，2003。

[德]汉斯·昆伯尔《神学与当代文艺思想》，徐菲、刁承俊译，上海三联书店，1995。

《海德格尔文集》，孙周兴等译，商务印书馆，2018。

何西来、杜书瀛主编《新时期文学与道德》，山东教育出版社，1999

江帆：《生态民俗学》，黑龙江人民出版社，2003。

姜飞：《感性的归途——阅读20世纪中国文学经典》，四川人民出版社，2003。

贾平凹、谢有顺：《贾平凹谢有顺对话录》，苏州大学出版社，2003。

［丹麦］克尔恺郭尔：《曾经男人的三少女》，江辛夷译，作家出版社，1994。

［德］列奥·施特劳斯；《自然权利与历史》，彭刚译，生活·读书·新知三联书店，2016。

［法］卢梭：《论人类不平等的起源和基础》，李常山译，商务印书馆，1982

雷达主编《近三十年中国文学思潮》，兰州大学出版社，2009。

李建军：《时代及其文学的敌人》，中国工人出版社，2004。

李建军：《超越消极写作》，作家出版社，2017。

刘达临主编《中国当代性文化——中国两万例“性文明”调查报告》，上海三联书店，1992。

李静：《必须冒犯观众》，新星出版社，2014。

刘锡诚：《中国原始艺术》，上海文艺出版社，1998。

［捷克］米兰·昆德拉：《小说的艺术》，董强译，上海译文出版社，2004。

［美］马斯洛：《马斯洛人本哲学》，成明编译，九州出版社，2003。

［美］马尔库塞：《单向度的人——发达工业社会意识形态研究》，张峰、吕世平译，重庆出版社，1988。

《马克思恩格斯选集》第4卷，人民出版社，2012。

麦家：《人生中途》，浙江文艺出版社，2008。

木心：《琼美卡随想录》，广西师范大学出版社，2006。

［德］尼尔·弗格森：《西方的衰落》，张兰平译，陕西师范大学出版社，2008。

彭兆荣：《文学与仪式：文学人类学的一个文化视野——酒神及其祭祀仪式的发生学原理》，北京大学出版社，2004。

［匈］乔治·卢卡契：《审美特性》第1卷，徐恒醇译，中国社会科学出版社，1986。

［美］苏珊·桑塔格：《疾病的隐喻》，程巍译，上海译文出版社，2014。

田中阳、赵树勤：《中国当代文学史》，南海出版公司，2006。

郃科祥等：《当代商洛作家群论》，三秦出版社，2005。

［英］伍尔夫：《论小说与小说家》，翟世镜译，上海译文出版社，2009。

［德］瓦尔特·本雅明：《本雅明文选》，陈永国，马海良编，中国社会科学出版社，1999。

王世诚：《向死而生：余华》，上海人民出版社，2005。

王光东：《现代·浪漫·民间——20世纪中国文学专题研究》，上海人民出版社，2001。

王蒙、王元化：《中国新文学大系》，上海文艺出版社，2009。

谢有顺：《小说中的心事》，作家出版社，2016。

谢有顺：《从密室到旷野——中国当代文学的精神转型》，海峡文艺出版社，2010。

徐巍：《视觉时代的小说空间——视觉文化与中国当代小说演变研究》，学林出版社，2008。

徐勇：《人类学与政治学的交融：新政治人类学的“权力逻辑”》，《齐齐哈尔大学学报》2018年第1期。

阎连科、梁鸿：《巫婆的红筷子》，春风文艺出版社，2002。

姚文放：《当代性与文学传统的重建》，人民文学出版社，2004。

［美］R.D. 詹姆森：《民间故事的形成，一个外国人眼中的中国民俗》，上海文艺出版社，1995。

仲富兰：《中国民俗文化学导论》，浙江人民出版社，1998。

张贤亮：《小说中国及其他》，长江文艺出版社，2001。

张定浩：《竭尽全力的轻盈》，上海人民出版社，2018。

张永：《民俗学与中国现代乡土小说》，上海三联书店，2010。

张法：《20世纪西方美学史》，四川人民出版社，2007。

后 记

提笔写记，感慨万分。自专著写作以来，需要铭记与感谢的人太多太多，许多人与事已摄心密持。完成这本专著，首先要感谢我的恩师程金城先生，正是他用严谨的治学态度，强化了我写作的规范性与学理性，为我的教学与治学树立了很好的榜样。也要感谢国家级语言专家贾晞儒先生亲自为本书写序，言辞恳切，殷殷嘱托，本人感激涕零，铭记在心。

作为一名高校教师，深处偏远的青藏高原，对于当代文学的教学与科研，总感不在学术之中心，所以触摸中国当代文学的前沿脉搏是艰辛的，但是有幸得到文学院领导及同事们的信任与支持，因此能潜心研究，砥砺前行。

在这里也要感谢我的家人，没有他们的支持与鼓励，我也走不到今天。写作中，迷茫与困惑、焦灼与退却时有伴随，我却被她们坚定的目光所鞭策。

最后我也要感谢学苑出版社的责编许力老师，感谢你细心的校订和不厌其烦的修改，你辛苦了。

尼采说，上帝死了。罗兰·巴特说，作者死了。德里达说，知识分子死了。然而我却要说，文学批评未死。只要我们对这个社会怀抱期望，就会有声音传递批评的温度，那么文学的未来就值得期待。

张德军

2024 年 11 月 20 日